国語力を磨く

書く 読む 話す 聴く 4つの力の育て方

国語専門塾みがく塾 塾長
坂本明美

はじめに

皆様、はじめまして。私は札幌で国語専門塾「みがく」を主宰しています。文字通り、国語を専門に指導している塾なのですが、普通の学習塾とは少し毛色が異なります。国語の点数を上げることや受験に合格することを指導の中心に据えているわけではなく、
「社会に出てからもずっと役立つ国語力」
を育て上げることを主眼としている塾なのです。

国語指導に携わって30年。国語塾を開校してから今年で10年が経ちました。お蔭様で開校5年目から現在まで、札幌市内に7校ある教室全てが満席となっています。ご入塾を待ってくださっている生徒さん、遠方のために通塾できない生徒さん、また、国語力を伸ばしたいと本気で考えている方々にも、「みがく」の学習についてご紹介したいと考え、本書を執筆させていただきました。

国語に限らず、学問に王道はありません。これをやれば必ず力が上がるという魔法のようなものはないのです。だから、本書を読んだからといってすぐに国語力がアップする訳ではありません。結果が今すぐ欲しいという方は本書ではなく、別の本をお選びください。

国語という教科は本当にその力が上がっているのか、身に付いているのか、目に見えて

はっきりと判るものではありません。時間もかかります。「継続は力なり」を地でいく教科なのです。もしも本書のどこかに、お子さんに合った学習方法や、すとんと腑に落ちる説明が一つでもありましたら、どうかそれを続けてみてください。徐々に良い変化が現れてくることでしょう。

実際に国語専門塾みがくに通っている生徒や、卒業して希望の道に進んだ生徒の保護者の方々から頂戴したメッセージをご紹介します。それをお読みくだされば、「みがく」で指導していることの本質をご理解いただけるのではないかと思います。

〈毎年恒例としている「母の日企画学習」に対して、S三姉妹のお母さまから〉

昨日、世界で一つだけのカレンダーを子ども達から受け取りました。…なんて素敵な企画！先生、忙しい中で色々と考えて頂き、ありがとうございました。「みがく」ならではの四字熟語、ことわざ、故事成語など…素敵すぎて感動しました。

子ども達にも「ありがとう」を伝えましたが、私は先生に心から感謝の気持ちをお伝えしたいです。ありがとうございます。

私は、人間として大切なことの一つが、心を高めること（美しい心を持ち続けること）

だと思っています。先生と出会ったことで、我が子達の心も美しく育てられていることは間違いありません。本当にありがとうございます。これからも子ども達のことをよろしくお願いいいたします。

（長年通ってくれているT姉弟のお母さまから）


今年も大変お世話になりました。

Nは、「みがく」で培われた力を高校進学にむけて発揮することができました。本人が積み重ねてきた力を信じて挑めたのも、常に寄り添ってくれる先生方の愛情を感じとったからだと思います。本当にありがとうございます。今は充実した生活をおくり、絵画の提出にむけて勤しんでいます。

Hは穏やかさが増し、「みんなが幸せならそれでいい。」と、自分が多少の痛手を負っても、他人を思いやる気持ちが育まれています。

「みがく」で教わり得た力は、常に生活の面で活きてくるのだと実感しています。

誠にありがとうございます。これからもどうぞご指導の程よろしくお願いいたします。

(当時　中学2年生のRちゃんのお母さまから)

クラスで生活体験文の発表があり、その結果、Rがクラス代表に選ばれました。私が学校に用事で行った際に、国語の先生から、「発表会の時はハンカチを持ってきてください。」と言われていたので、緊張して発表会を聞きに行ったのです。親バカですが、その内容に感動しました。その後、Rの作文は学年代表になり、さらには管内中文連にも出すことになり、来月E会場での発表も決まりました。

Rは、決まった瞬間、「すぐ坂本先生に伝えたい。坂本先生のおかげだ。」と言っていました。自分で何度も作文を読み返し、坂本先生なら、ここを直してきそうだなとか、坂本先生なら…と色々思い出しながら、授業で頂いた教材をもとに、プラス言葉など、表現の仕方を参考にしながら頑張ったそうです。

ずっと作文で選ばれることを夢みていたRなので、この喜びを親子共々、坂本先生に伝えたくメールさせてもらいました。力をつけてくださったこと、心から感謝しております。先生、Rにこんなステキな思い出ができたのも文章を書く力をつけて頂いた「みがく」のおかげです。本当に感謝しております。

（希望の大学に合格したYちゃんのお母さまから）

指定校推薦をいただき、無事志望大学の内定をいただきました。Yも私も、坂本先生に出会えたことにとても感謝しています。

「みがく」や坂本先生を通して国語を意識したからこそ、今のYがあるのだと思います。本当にありがとうございました。

（高校合格のご報告に添えて、Hくんのお母さまから）

高校入試では、字数無制限題が出題されるなど、新大学入試を意識した設問がでました。Hは文章を書くのが得意になり、卒業式では卒業生代表の式辞を読ませていただきました。みがくに出会わなければ、こんな大変な役目を務めることができませんでした。みがくに通わせていただいたおかげで多くの恩恵がありました。心から感謝しております。

（幼児の読み聞かせ教室から通ってくれている小4Rくんのお母さまから）

親として、「みがくに通わせて良かった」と心から思います。先生の熱い思いはビシビシ伝わっていますよ。（コロナ禍の）オンライン授業、とても良かったです。いつもこんな風に学習しているんだなぁ…とイメージができました。私自身が子どもの頃、「みがく」

に通いたかったなぁと思いながら、自分がもし創作文を書くとしたら…と妄想してしまいました（笑）。

（新札幌校開校の年から私の娘の面倒を見てくださっているE兄弟のお母さまから）

Tを通わせてみて、「ずっと探していたところを見つけた」と感じました。人とうまくコミュニケーションを図れないことが悩みの息子でしたが、生きていく上で大切なことを学ぶことができました。子を持つ親の一人として、これからも末永く「みがく」が在り続けて欲しいと切に願っています。

◇◇

国語・算数・英語…と複数教科を指導する学習塾が主流である中、「国語」一教科だけを教える塾に目を向けてくださったこと自体、とても有難いことです。しかも、「テスト対策や受験対策をメインにはしません。」と謳っている塾にお子さんを連れてくるのは勇気が必要だったことでしょう。「社会に出ても困らない、本当の国語力を！」という「みがく」の信念に賛同し、ご理解くださっているお母さま、お父さまにはいつも心から感謝しております。

国語を支えるのは「書く」「読む」「話す」「聴く」という四つの柱です。長きにわたり、幼児から社会人まで幅広く国語指導をしてきた経験を基に、本書ではこれら四つの力の伸ばし方を具体的にご紹介しています。ほんの少しでも、「国語が苦手」「我が子の国語力が心配…」と悩まれている方のお力になれたら幸いです。

国語専門塾みがく代表　坂本　明美

目次

第1章

国語力の根幹とは

国語力は一日にしてならず

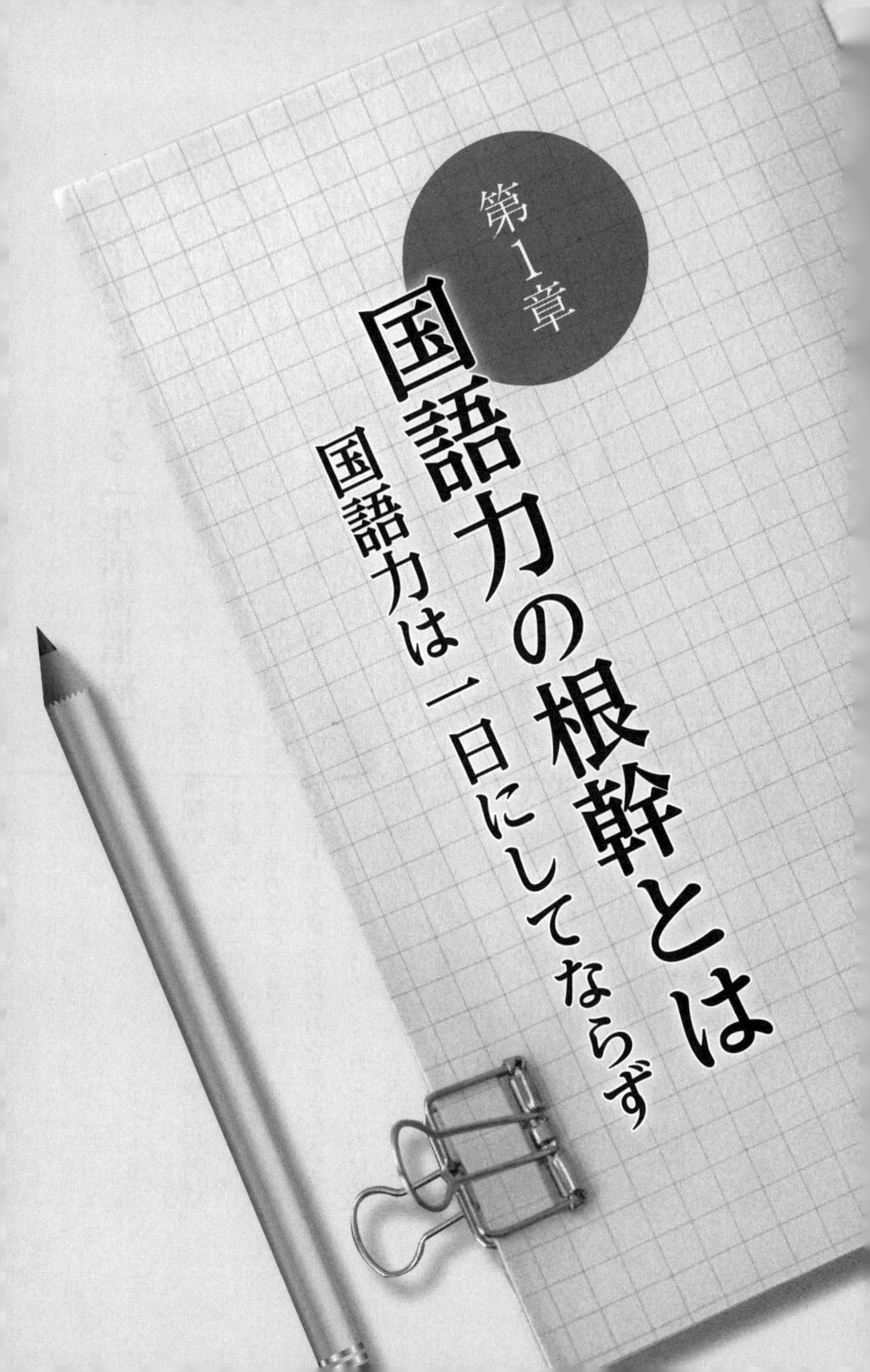

学力における「生活習慣病」

集中力がない・飽きっぽい・せっかち・不注意・無関心…。私はこれらを、学力における「生活習慣病」と呼んでいます。どの教科もそうですが、特に「国語」は、どっしり、ゆったりと構えて学習しなければ正確な読解は困難です。他のことを考えていて大事なところを読み流す。慌てて読み飛ばす。長いからといって途中で文章を読むのをあきらめる。はたまた単なる不注意で、間違えなくてもいい問題をミスしてしまう…。これらはもはや「国語だけ」「勉強だけ」の問題ではありません。本人や家族が意識を変え、生活全般を見直す必要があります。「生活習慣病」とは言いましたが、その症状を改善させることは可能です。性質的なものを完全に変えることは難しくても、それとうまく付き合いながら、アプローチ次第でカバーしていくことができます。我が子の学力が伸び悩んでいる原因は何か。思ったように点数が取れないのはなぜか。それらを客観的に分析して現状認識することが先決です。まずはそこから始めてみましょう。

最短距離を行く教科ではありません！

国語という教科は「ズボラちゃん」や「せっかちくん」、「面倒臭がりやさん」にはなかなか点が取れないようになっています。また、常に効率の良し悪しや最短距離を行くことを考える人にも向きません。国語は最短距離どころか、あちこち回り道をしたり立ち止まったりしながら力を付けていく教科だからです。正確に理解しながら述べられている事柄を追っていく説明文や、論理を積み上げていく論説文などは、ズボラさん方もトレーニングを重ねることで少しずつ読み解けるようになります。しかし、「物語」「小説」ともなるとそうはいきません。話をじっくり読んで、じっくり考える。自己のフィルターを通しつつ他者の心情を推察する。自分と登場人物の間を行き来しながら答えを見つけていく。それが物語や小説の読み解き方です。学力の「生活習慣病」の子たちにとってこれはなかなかの難題でしょう。特に「無関心」タイプの子には至難の業です。「登場人物はどんな気持ちか」などと聞かれても、そんなの考えたことがないし、考えようもない。そもそも人の気持ちなんて興味がない。…そう考えてしまう子に物語の読解はさぞや苦しいと思います。それでも国語という教科を攻略するためには避けて通れない道なのです。

国語力のベースにあるもの

国語という教科の根幹が「伝える」「理解する」ことにあり、その先にあるのが他者との「コミュニケーション力」であるならば、国語の原動力は相手への関心、広く言えば愛情なのではないかと私は思っています。例えば作文。作文というのは相手に読んでもらうことを前提として書くものです。読み手が理解できるようにわかりやすく丁寧に書くことは読み手に対する気遣いや配慮であり、そのベースは相手への愛情です。会話にも同じことが言えます。こう話したら相手はきちんと理解してくれるだろうか。どう感じるだろうか。何が言いたいのだろうか。どんな意図でその話をしているのだろうか。相手のことを思いながら発信・受信できるのも国語力（＝コミュニケーション力）です。そして、これは社会人になってから一層必要とされる力と言えるでしょう。

国語力を支える四つの柱

コミュニケーションの手段として用いられるのは、「書く・読む・話す・聴く」という行為であり、それら全ては国語（母語）を通じてなされるものです。

例えば、相手の話を正確に聞き取って内容を把握するには「聞く力」が必要です。また、文章から相手の伝えたいことを理解するためには「読む力」が要るでしょう。自分の意見を整理し、明確に伝えるためには「話す力」が、それを文章で表現するには「書く力」が不可欠です。

「話す」「聞く」という音声言語情報、「書く」「読む」という文字言語情報、いずれも国語力を支える重要な要素であり、これらをなるべく偏りなく伸ばしていくことが国語学習の肝だと言えます。

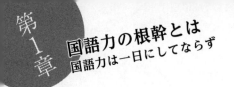

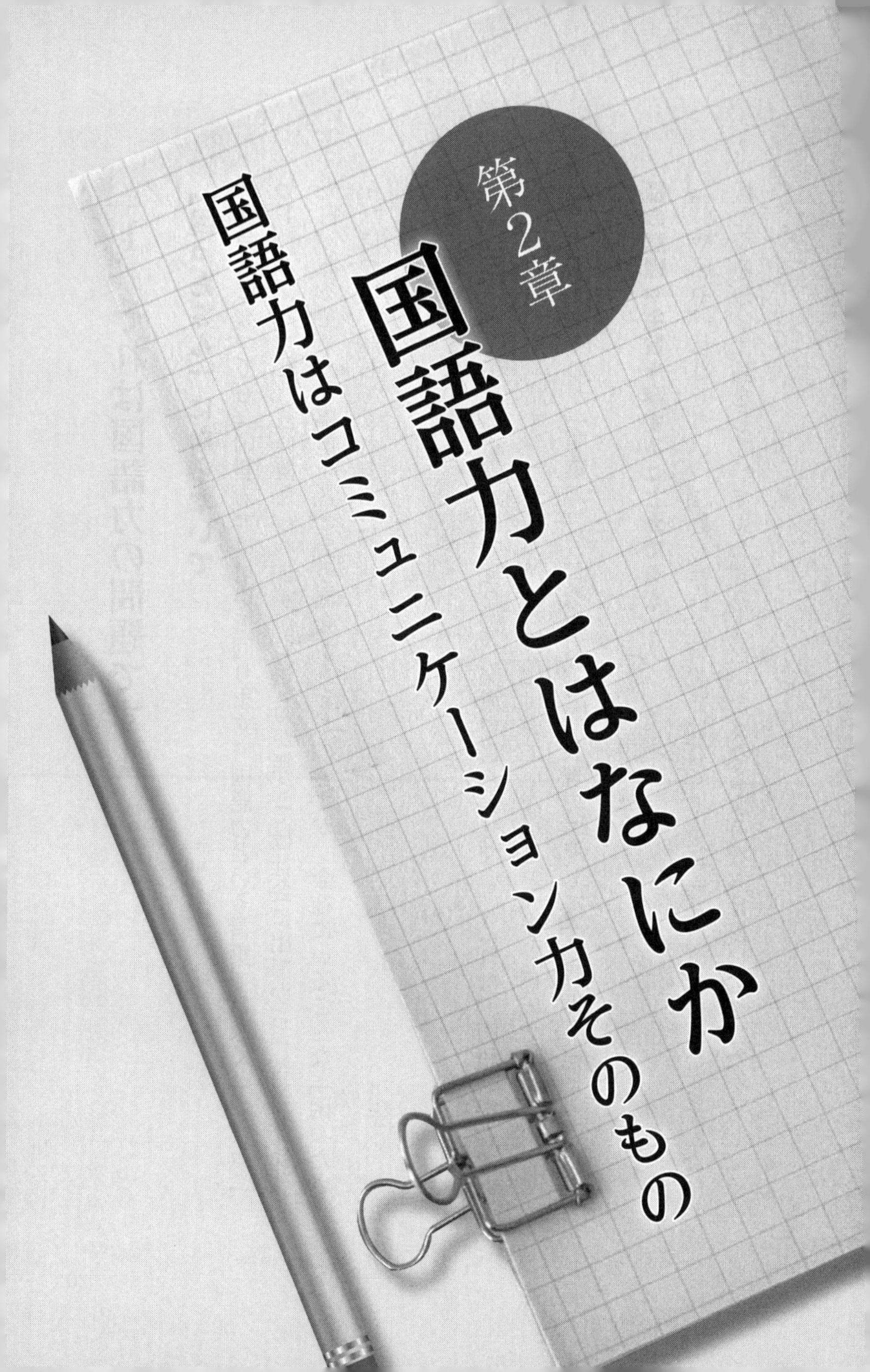

第2章 国語力とはなにか

国語力はコミュニケーション力そのもの

1. それは国語力の問題です!

「困ったさん」にならないで

社会人になっても「国語力」は付いて回ります。国語力という言葉ではなく「コミュニケーション力」とも言い換えられますが、この力が無くては社会に出てから一苦労します。先日、ある企業の人事担当者と会う機会があったのですが、会社にいるこんな「困ったさん」について話してくれました。

的確に表現できない人

言いたいことがうまく言葉にできない。文章で書き表せない。これは、国語の根幹である「書く力」や「話す力」がしっかりと身に付いていないことが主な原因です。これら二つの力を支えるのが「語彙力」や「文章構成力」、「表現力」、そして「論理的な説明力」です。

話の意図や主旨を察することができない人

「いやいや、私はそういうことを言いたい訳ではなくて…。」「えっ?どうしたらそんな解釈になるの?」話をしていて思わずそう言いたくなるような人は多いのではないでしょうか。「主題を把握する力」や相手の「心情を汲み取る力」も国語の主要な学習の側面です。

文章や話の内容が理解できない人

常識的な言葉の意味がわからなくて聞き返したり、社内文書に書かれている内容が理解できなかったり。これは「語彙力」や「読解力」、また、「聴く力」や「読む力」の不足も大きな要因でしょう。

すぐに感情的になる人

相手の言葉尻を捉えてすぐに感情的になる。問題の解決ができずに逃げ出す。これらには「論理的思考力」の欠如が根底にあります。困難な状況に立たされることは誰しもあるもの。冷静にじっくり考え、いくつかの選択肢を見つけ出して取捨選択をする。それも国語の力です。

このように、国語は学生だけに必要なものではありません。苦手だからとそのまま放っておくと、社会に出てから困ることになります。今からでも遅くはないので、しっかり学び直しましょう。

2. 国語の何が苦手なの？

まずは現状認識から

体験学習時の面談で、保護者の方からよく「うちの子は国語が苦手で困っています。どうしたら国語力が伸びますか？」と質問をされます。生徒からも、「先生、古文がわかりません。」と「ざっくりと」した相談をされることがあります。このような曖昧な質問をするのは、自分の力を客観視できていない証拠。国語が苦手と言っても、本当に全てが全て苦手なのでしょうか。語彙力は乏しいながらも、漢字はそれなりに書ける子もいます。説明文は読み解けても、物語となると解けなくなる子もいます。古文にしても、動詞など用言の文法は理解しているけれども、助動詞が苦手…という子も多いでしょう。どんな問題でも同じですが、現状を整理し、客観視して、現在どんな事態が生じているのか、何が原因なのか、どうすれば解決・改善するのかをじっくりと考えてから動くほうが成功の確率はぐんと上がります。「答えが一つではない」「勉強方法がいまいちわからない」「センスによるものが大きい」「力が伸びるのに時間がかかる」などと言われる国語という教科でも、現状把握と自己分析をすることで必ず成果が出てきます。

論理的思考力

「現状把握」と「自己分析」が重要だと述べましたが、これらを行うためには論理的思考力が必要です。では、「論理的」とはどういうことなのでしょうか。それは、「筋道を立てて考える」「話のつじつまが合っている」と言い換えることができます。目的や目標に対して、どうしたら実現できるのか。困難をどう回避できるのか。起こってしまったトラブルをどうしたら乗り越えられるのか。一つ一つ筋道を立て、多くの選択肢を吟味しながら答えを探っていく、それが論理的思考です。

私はディベートを習っていたことがありましたが、それを人に話すと、「さぞや論破するのが得意なのだろう。」という旨のことをよく言われます。ディベートは、相手を言い負かすための論理。そう勘違いしている人が多いように感じますが、それは違います。与えられた議題について、主体的に調査して分析し、意見をまとめ上げて議論し合う、アクティブ・ラーニング（能動的学習）の一つがディベートです。論理的思考力はもちろん、物事を一面からではなく、多面的に見る目を養うことが大きな意義だと言えるでしょう。どちらの意見がより論理的で納得できるものかを競いはするものの、その背景にあるのは、相手の立場になって考える姿勢や、相手への敬意なのです。

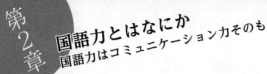

問題解決のためには誰しもが、よりベストな結論を出したいと思いますよね。その際、気分や感情だけで動いてもうまくはいきません。現状認識をしたり、状況を分析したりして問題と向き合い、「〇〇すると、こうなるだろう。なぜなら…。」と、その問題を理知的にじっくりと詰めて考えていく必要があります。そのための力が論理的思考力です。

心情を察する力

「傍線部について、この時の菜々子の気持ちを答えなさい。」

「筆者はなぜそのように感じたのか、わかりやすく説明しなさい。」

国語の授業やテストでよく問われるのが「心情把握」題です。文中での行動や表現などから登場人物や筆者の気持ちを推察して答えていきます。物語・小説、随筆というジャンルの作品では必ずと言っていいほど問われる設問ですが、他者の気持ちを推し測る力が弱いと、かなりの苦戦を強いられます。物語や随筆は「心情把握」が設問の中心とも言えるのに、その心情が読み解けないのは致命的ですよね。だからこそ練習が必要なのです。国語という学習には子どもの 想像力や感じる力を育てていくという重要な側面があります。言い換えると、国語をしっかり学ぶことは、コミュニケーション力の核でもある「心情を察する力」を伸ばしていくことにも繋がります。

第2章 国語力とはなにか
国語力はコミュニケーション力そのもの

推し測る力

「悪口を言ってはいけないよ。他人の気持ちをよく考えてね。」

子どもにそう話して聞かせることは簡単です。しかし、本当の意味で教え、理解させるのは、容易なことではありません。気持ちは目に見えるものではないし、人の発する言葉が必ずしも真実とは限らないからです。他人が何を感じ、何に傷つき、何を求めているのかは、本人以外の誰にも知り得ません。

とは言え、人間には推し測るという力があります。自分という「物差し」を基準として、

「自分だったら。だからきっとこの人も…。」

「自分だったら。だけどきっとこの人は…。」

などと他人の気持ちを察することは可能です。自分の物差しを使わずとも相手の気持ちを難なく推察できるのが理想ですが、子どもにはまだ難しい作業だと思います。まずは自分というフィルターを通して、相手の心情を考えることから教えていきましょう。

世の中で起こる悲しい事件や出来事の多くが「想像力の不足」に拠るものだと私は考えています。人の気持ち、その後の展開などを想像することができないと、自己中心的で短絡的な行動を取ってしまいがちです。こうした目には見えないものに思いを巡らせ、想像

したり推察したりする力は、生きていく上で無くてはならないものなのです。

家庭で育むこころ

人の心情は目に見えません。だから言葉で伝え合うのです。日常会話において、お子さんに自分の気持ちをこまめに教えてあげてください。

「お母さんはこう思うよ。」

「お父さんは今、こんなふうに感じているんだ。」

と、言葉にして伝えます。そして、お子さんの気持ちも聞いて欲しいのです。うまく言葉に表せないかもしれませんが、「うんうん」と聞いてあげてください。幼児期から習慣的にそうしていると、自他の心情を意識するようになります。そして、

「わたしの気持ちと同じだ」

「ぼくの気持ちと、他の人の気持ちは違うんだ」

などということが体得できるようになります。そこからがスタートです。

また、心情把握には本を読むことも有効です。この力を育てるためにはサイエンス系や図鑑、漫画よりも、物語や小説、随筆を多く読むことをお勧めします。特に、物語は「他

者の心情」の宝庫であり、こんなに最適な教科書はありません。ホラーやミステリー、SF、恋愛など、様々なジャンルを偏りなく読むことも大切です。例えば、ホラーは「恐怖」「怨み」「焦燥感」などのマイナス感情に偏っている感じがしますよね。本の内容自体を楽しむ読書とは考え方を異にして、心情推察の練習をするという観点においては、同じ種類の本ばかりを読まないで欲しいのです。様々なジャンルの小説や物語を幅広く読み、感動、悲しみ、喜び、孤独感、苦しみ、解放感、向上心など、多くの心情を本から感じ取ってください。

3．国語力はコミュニケーション力

口は虎　舌は剣

近年、ＳＮＳによるトラブルが後を絶ちません。総務省が調査・提供する「インターネットトラブル事例集」によると、「メッセージアプリでの悪口・仲間外れ」や「悪ふざけなどの不適切な発言」が代表的なトラブル事例として挙げられています。特にＬＩＮＥや Twitter は会話のテンポが速く、さほど深く考えずに発信してしまうことがあります。

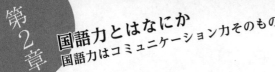

結果的に、発した言葉が人を傷つけたり、誤解を生んだりすることも少なくありません。

また、面と向かっては言えないことでも、ネット上では簡単に言えてしまうことがあり、「みんながそう言うのだから真実なのだ」、「みんなが書いているから私も!」という集団心理のもと、さほど罪の意識を感じないまま相手を攻撃する人もいるのでしょう。

言いたいことを言って何が悪いのか、言論の自由でないかと言う人もいるかもしれませんが、「言論の自由」を盾に取り、好き勝手に誹謗中傷を言うのはあまりにも幼稚です。

発した言葉は容易には取り消せません。「口は虎　舌は剣」という諺がありますが、使い方次第で相手を傷つけたり、自分自身をも傷つけたりするのが言葉です。だからこそ、私達は自分の言葉に責任を持たなければなりません。自分で責任を取れてこその自由であり、権利ではないのでしょうか。言葉は毒にも薬にもなる。そのことを理解できなかったり、理解していても毒にしか使えなかったりする人は、一から国語を勉強し直して欲しいものです。

「理解してよ」は不親切

コミュニケーション力。

その根幹は傾聴力と話す力、そして「相手を思いやる心」だと私は思っています。

第2章 国語力とはなにか

国語力はコミュニケーション力そのもの

誰かに向けて書く文章も、誰かに向かって発する言葉も、当たり前ではありますが、相手あってのものです。国語力がコミュニケーション力の一翼を担うものであるならば、国語力のベースにあるのはやはり「思いやり」であり、他者への「気遣い」ではないでしょうか。

「私の書いたこと、話していることを理解して欲しい。」と一方的に要求するだけではうまく伝わりません。自分のところまで来て欲しいというスタンスではなく、自分から相手に近づいて行くのです。相手の年齢や経験などに合わせて、伝え方や内容を変えていくなど、相手をわかろうとするスタンスが肝要です。

「よくわからないからもう一度言って。」と促すと、

「今、話したよね?ちゃんと聞いていたの?」

イライラしながらそう返してくる人がいます。

「前にも話しただろう?何を聞いているんだ!」

なんて怒り出す人も。

その人達の言う通り、確かに話したのかもしれないし、受け取る側の読解力や聴く力にも問題があったのかもしれません。しかし、全員が全員、万事が万事、相手の話を覚えているとは限りませんよね。仕事上ならともかくとして、日常の些細な事柄なら尚更です。「も

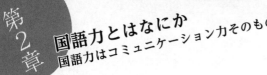

う一度言って」と誰かに言われたときは、聞いていなかったのかと相手を責めるのではなく、自分の伝え方が不十分だったのかもしれないと省みる姿勢を持ちたいものです。

全ては思いやり

「こころ」は誰にも見えないけれど
「こころづかい」は見える
「思い」は見えないけれど
「思いやり」は誰にでも見える

これは、詩人である宮澤章二氏の作品の一節です。

唱歌や童謡、校歌の作詞を主に手がけた方で、「ジングルベル」の日本語詞も宮澤氏によるものです。青少年向けに書いた作品を多く遺している作者の詩は、教育現場にいる私にとってとても心に響くものばかり。

『行為の意味』

宮澤 章二

——あなたの〈こころ〉はどんな形ですか
と ひとに聞かれても答えようがない
自分にも他人にも〈こころ〉は見えない
けれど ほんとうに見えないのであろうか

確かに〈こころ〉はだれにも見えない
けれど〈こころづかい〉は見えるのだ
それは 人に対する積極的な行為だから

同じように胸の中の〈思い〉は見えない
けれど〈思いやり〉はだれにでも見える
それも人に対する積極的な行為なのだから

あたたかい心が　あたたかい行為になり
やさしい思いが　やさしい行為になるとき
〈心〉も〈思い〉も　初めて美しく生きる
――それは　人が人として生きることだ

相手に伝えることや話を理解することが国語力の主軸ならば、そこに根差すものは人を敬い、思いやる気持ちに他なりません。

こんな雑な文字では読みにくいかな。

この文章はきちんと伝わるかな。わかりにくくないかな。

どう話したら、理解してもらえるだろうか。

どんな気持ちで話しているのかな。何を自分に伝えたいのだろうか。

そんな風に相手を気遣い、一歩を踏み出すことから全てが始まります。

この「思いやり」は、国語学習の出発点であり、何より大きな原動力でもあるのです。

コラム

おはよう！　だいじょうぶ？

娘が2歳の頃の話です。

ある朝、仕事に行くために娘と一緒にバスに乗りました。通勤ラッシュ時で車内は満員。娘の手を引き、手すりにつかまりながらバスに揺られていると、正面に座っていた小学2～3年生ぐらいの女の子が、

「おはよう。だいじょうぶ？　すわる？」

と、娘に声を掛けてくれたのです。特別支援校に通う小学生でした。

敬語も使わない、単語だけのぶっきらぼうな言葉。

だけど、私にはとても心のこもった言葉として伝わりました。混んでいる車内で小さい子に席を譲ってあげようという発想は、思いやりの心がないと生まれません。また、面識がない人からの「おはよう」という挨拶も何だか新鮮に響きました。

私は学習支援児専門の塾で講師を務めた経験がありますが、彼らはいつも気持ちのよい

挨拶をしてくれたものです。傾聴や話す力に少々難があるために、他人とコミュニケーションを図るのが苦手な子が多いのですが、いつも澄んだ瞳でまっすぐに私と向き合ってくれました。

「おはよう！大丈夫だよ。ありがとね！」

女の子にそう伝えると、

「そっか！」

と元気な答えが返ってきました。

気ぜわしい朝の、ささやかで心地よい交流でした。

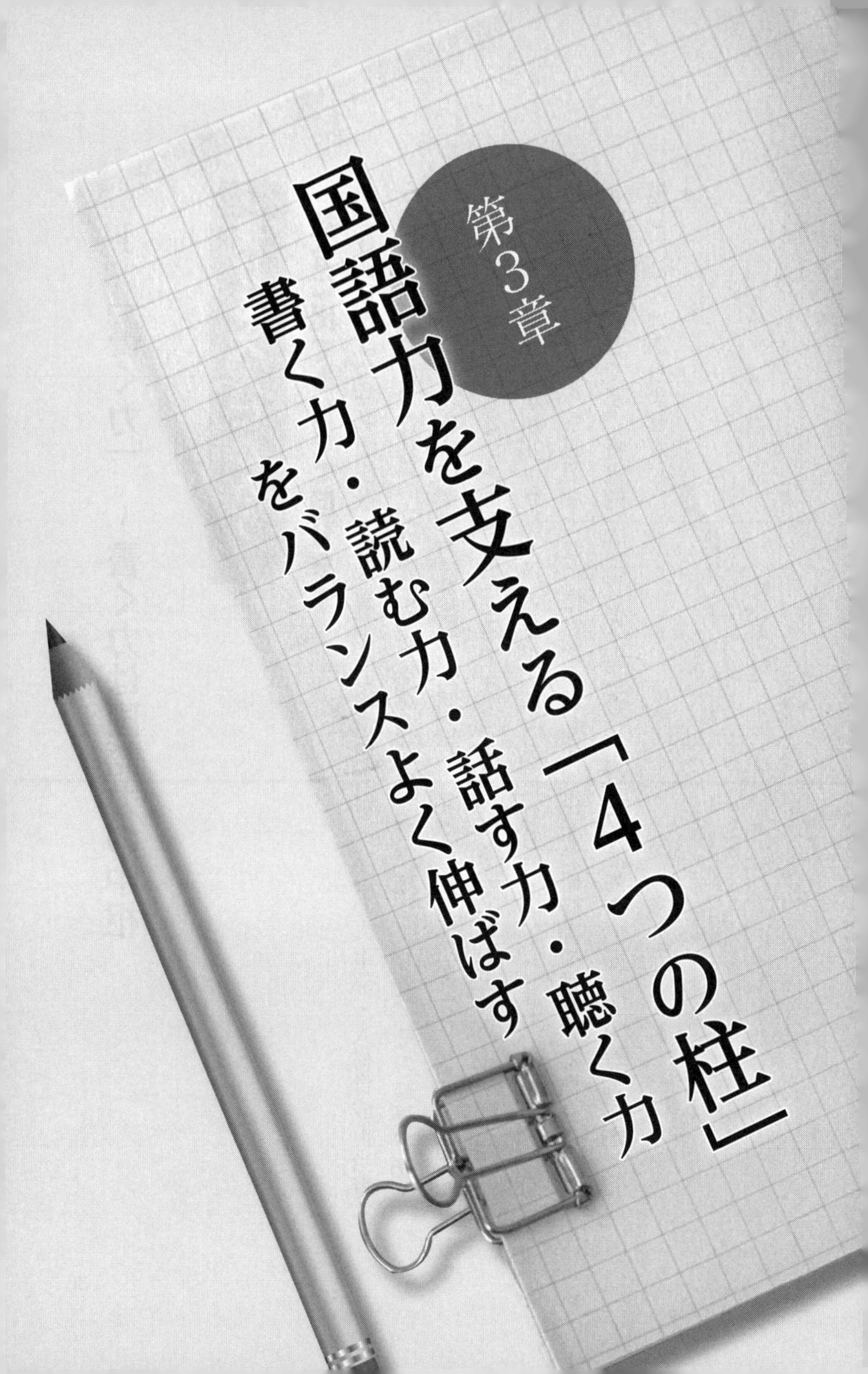

第3章

国語力を支える「4つの柱」

書く力・読む力・話す力・聴く力をバランスよく伸ばす

1.「書く力」～書く力は国語力の中枢

書ける大人になろう

社会に出ても付いて回ります

2020年に公益財団法人・日本漢字能力検定協会が、全国の人事部・人材育成担当者550名を対象に、「社員の文章力に関する意識調査」を実施しました。その結果、96・4%の企業が「ビジネスに文章力は必要」と回答し、66・3%の企業が「社員の文章力が、昇格や昇給に影響する」と回答したそうです。その一方で、「文章力を高める研修を行っている」企業はわずか26・7%という結果も明らかになりました。つまり、「書く力」は社会人になってからも必要な力なのにもかかわらず、企業の研修等で勉強する機会は多くないということです。将来的に苦労しないように、学生のうちからしっかり学んでおくに越したことはありません。

第3章 国語力を支える「4つの柱」
書く力・読む力・話す力・聴く力をバランスよく伸ばす

書けない＝国語が苦手

「書く力」が身に付かない最たる理由は、「演習量の不足」です。単純なことではありますが、小学校の国語の授業で近年「作文」を書く機会が少なくなったこともその一因と言われています。書けるようになるためには、たくさん書くこと。それに尽きます。文章作法や書く時のコツを頭に入れ、なるべく多く書くことが文章上手になるための王道かつ近道なのです。

国語力のある人は文章も上手です。逆に言うと、「読む力」「話す力」「聴く力」の3つの力がどんなに長けていても、書く力が決定的に不足していると、他人からは「国語が苦手な人」と判断されがちです。何よりも自分自身が、国語に対して苦手意識を払拭できないのではないでしょうか。

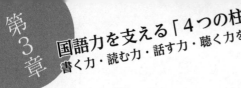

書く力は国語力の土台

書くためには、文章の骨子を考えなくてはなりません。主述の関係や修飾語・被修飾語についての理解も必要です。論理的思考力や想像力・発想力も不可欠でしょう。伝わるように書くためには、複合的な国語力を要するのです。また、人前でうまく話せないという人や、考えている内容を整然と話せないという人は、まずは言いたいことを書いてみると頭の中が整理されます。聴いたことや読んだことをメモしたり、話のポイントをまとめたりする時にも何かに書き留めると便利ですよね。このように、書くという行為は、「読む」「話す」「聞く」全ての力に影響を及ぼします。国語学習の中枢にあると言ってもよいでしょう。日ごろから意識して書く練習をすることによって、国語の他の力も伸びていく傾向があります。

この「書く力」も地道な努力を必要としますが、大事なのは継続することです。ちょっとしたポイントを押さえて、書き続けていきましょう。

中身こそ大事！

正確に伝わる文章を書く力は社会人になっても求められます。そしてその伝わる文章を書くためには文法や文章作法などを頭に入れ、何度も練習することが重要です。ただし、上手な文章には二つの種類があって、一つはこの「正確に伝わる文章」で、もう一つは、「心に響く文章」です。どんなに多くの語彙を駆使して書いても、どんなに形式上は美しい文章を書いたとしても、中身が薄っぺらなものは読んでいても面白くありません。事務的な事柄を正確に伝える、という面では良いかもしれませんが、誰かに自分の意見や感想を書いて伝えたい時は、どうせならば読み手の印象に残る文章、心に響く文章を書きたいものです。例えば、日記を書くとして、起こった出来事を時系列に羅列するだけだったら、単なる「手帳のメモ書き」に過ぎませんよね。その体験から何を得たのか、どんな発見があったのか、その内容こそが読み手の心に残ります。小論文を書く時も同じです。客観的な事実だけを述べても、書き手の人間性が見えてこないものはやはり心を揺さぶりません。また、自分の意見を無責任に述べるだけで根拠となる情報が乏しければ、読み手に独りよがりの印象を与えてしまいます。

自身の意見を述べ、それを裏付ける客観情報を記す。自分の具体的な経験を踏まえて、そこから帰結した論を展開する。そんな中身のぎっしり詰まった、書き手の「熱」が感じられる文章を書けたなら、間違いなく読み手の心に響くものになるでしょう。

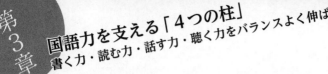

「書くことがない…」と言わないで

教室では日記や体験文を課題として出すことが多いのですが、「書くことがない！」といつも訴えてくる生徒がいます。運動会や修学旅行などの大きな行事の後ですら、書くことがないと言うのです。同じ経験をしているのにも関わらず、全く鉛筆が動かない子もいれば、逆に作文用紙に3枚以上もの大作を書く子もいます。文章というのはその人間の経験値が色濃く出るものなのですが、小学生の経験値の差はさほど大きくありません。では、どうして「書ける子」と「書けない子」が出てくるのでしょうか。作文演習量や語彙力なども影響するかもしれませんが、それよりも大きいのは好奇心や感受性・想像力、そして思考力に拠るものだと私は考えています。一つの体験を通して、何を見て何を感じたか。どんな気づきがあったのか。それらをしっかりとキャッチできる子とできない子の違いだと思うのです。

基本的な文章力にプラスして感受性や想像力が豊富な子は、日常のどんな些細なことでも作文のネタにできます。例えば、登校前の道路にハート型の水溜まりができていたことや、給食で食べたきゅうりの浅漬けがいつもより薄味だったこと、先生が前髪を切ったことまで、私たち講師が感心するぐらい、日常の一コマを拾って独特な感性で綴っていくことができるのです。

一方、どんなに文章作法を心得ていて、豊富な語彙力があったとしても、日常の中から「ネタ」を掬い上げることができない子は「書くことがない…」といつも苦労します。書くことは身の周りに溢れています。それに気づくことができないのは、意識せずにぼんやりと日々を過ごしているか、多忙過ぎて気持ちに余裕がないかのどちらかの場合が多いように感じます。好奇心のアンテナを広げ、よく観察し、「なにか面白いことはないかな」「いつもと変わったことはないかな」と、ポジティブ思考で日々を過ごすことが文章上手になるための第一歩です。

とは言え、想像力や好奇心、観察力、ポジティブ思考などというものはどこか抽象的。生きていく上で大事だということは理解できるものの、具体的な伸ばし方となると、よくわかりませんよね。たとえ意識して生活をしていても、本当に身に付いているのかも疑問です。そこでお勧めなのが「書く」ことです。それらの力が不足している人にとって「書く」ことは、苦しい作業かもしれませんし、すぐに結果が出るものではないかもしれません。それでも、定期的に日記を書いたり、体験文を書いたりすることで、対象をしっかり観察する目、気づき・発見の芽が得られるようにもなります。また、創作文など現実には無いこと（もの）を書く練習をすることで、想像力や発想力、思考力を広げていけます。想像力がないから書くことがない、思考力が弱いから書けない、と嘆くのではなく、たとえ少しずつでも書く練習をすることによって、想像力や思考心も同時に伸ばしていこうという作戦です。言わば逆転の発想ですね。

経験値が上がると…

技術的な力はトレーニング次第で伸ばしていくことが可能です。ただし、どんなことを述べるかの「内容」に関しては、先に述べた想像力や思慮の深さも多々影響します。また、その人の経験の幅も説得力の有無に繋がります。例えば、「人生の楽しみとは」という題について作文を書いたとしますよね。まだ人生についての認識も経験も浅い小学生が書く作文は、どんなに優秀な子どもが書いたとしても、どこか浅い感じがします。社会人になってから同じ題で書くとどうでしょうか。学生とは異なり、自分で働いて稼ぐという経験をした人が書く「人生」はなかなかの説得力を読み手に与えます。では、戦争を経験した年配の方々はどうでしょう。漢字を忘れ、表現がたどたどしくなったとしても、戦争世代の方々の綴る「人生」はまた含蓄のあるものとして読者の胸を打つのではないでしょうか。

誤解して欲しくないのは、年齢が低かったり経験が浅かったりすると良い文章が書けないと言うことではありません。子どもは子どもならではの弾けるような感受性があるし、年齢を重ねた人はその経験値の高さから、内容に説得力が増すものです。このように、年齢や経験によって、作文の色が変わっていきます。「今の自分」にしか書けないこと、「今の自分」だからこそ書けることを最大限に出し尽くした文章は、読み手を引き付ける魅力に溢れているものです。

「書く力」の伸ばし方

伝わる文章を書こう

上手な文章とは、誤解なく「正確に伝わる文章」と、読み手の「心に響く文章」だと前述しました。どんなに正しい文法で書かれていても、内容が薄ければ心には響きません。その逆も然りで、どんなに内容が良くても文章として成立していなければ、当然ですが、読んでいる人には伝わりません。文章作法や語彙表現、表記の仕方などの技術的な力は地道なトレーニングを続けることで確実に向上していくので、覚えておくと便利です。文章を書く際の主なポイントを挙げますね。

「伝わる」文章の書き方

①	常に読み手を意識する
②	主観と客観を意識して書く
③	具体表現と抽象表現をどちらも使う
④	１文１義を心掛ける
⑤	１文はなるべく５０字以内に収める
⑥	主語（主部）と述語（述部）を対応させる
⑦	修飾語は被修飾語の直前に入れる
⑧	同語表現の繰り返しを避ける
⑨	五感を使って表現する
⑩	時間軸を意識する

それでは一つずつ見ていきましょう。「正確に伝わる文章」を書くための基本的なポイントです。②、③、⑨についてはさらに掘り下げて後述しています。

【① 常に読み手を意識する】

手帳に書きつける備忘録や日記など、自分にだけわかればいいものは除き、大半の文章は誰かに読んでもらうために書きます。その際には、読み手を思い浮かべながら、

この文章は読みやすいものになっているか
読み手の気分を害する内容になっていないか

などを常に考えて書くようにしましょう。文字を丁寧に書くのも、読み手への配慮です。こんな文字を書いたら相手が読めないかもしれない、と考えながら書くと乱れた文字はなかなか書けません。私自身も文章を書く際は、

「時間は有限。相手は貴重な時間を割いて自分の文章を読んでくれるのだから、読みやすく伝わりやすい文章を書こう。」

と肝に銘じています。相手への気遣いと感謝の気持ちを忘れずに書くことが文章上手への第一歩であり、その思いは円滑な対人コミュニケーションの入り口でもあります。

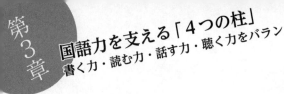

【② 主観と客観を意識して書く】

「意見・感想」と、「事実」を分けながら書きます。両者が1文に入り混じると、読み手に情報が正しく伝わりにくいので注意が必要です。

次の例文は、主客情報が錯綜している社内文書です。

4月3日に大変有意義なスキルアップ講習を開催しました。13時からA会議室にて行いましたが、定期講習にしては珍しく30名も集まりました。すぐに活用できそうな内容ばかりでした。

「有意義な」「珍しく」「30名も」「すぐに活用できそうな」の部分が主観であり、書き手の心情を反映した表現です。公的な社内文書などでこの内容を伝える場合、主観が入りすぎると独りよがりの印象を与えます。なるべく主観を入れずに客観のみで伝えるか、客観情報を伝えた後に主観を述べると、誤解なく読み手に伝わるようになります。また、客観情報としてデータや数字を入れると、一段と説得力が増しますよ。

先ほどの例文を添削しました。1～2文目では客観情報のみを伝え、3文目で書き手の主観・感想を述べました。

4月3日の13時より、A会議室にてスキルアップ講習が開催されました。今回参加した社員は30名で、いつもの定例会議に比べて20％ほど高い受講率です。すぐに活用できそうな内容ばかりの有意義な講習となりました。

【③ 具体表現と抽象表現をどちらも使う】

文章を書く上で意識して欲しい概念が「具体」と「抽象」です。次のように簡単に押さえておきましょう。

具体化…形や姿などを想像することができるようにわかりやすく（詳しく）すること
抽象化…特定の共通点を持ったものをグループ化すること・まとめること

例えば、

（ア）　私はペットを飼っている。

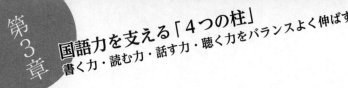

（イ）　私は犬を飼っている。
（ウ）　私はパグを飼っている。
（エ）　私は「ゆー」という名のパグを飼っている。

右の文だと、（ア）から（エ）の順に、具体化されています。（ア）のように「ペット」と大まかに表現するか、「ゆー」という名のパグ…と詳しく表現するかは状況によります。読み手や求められている状況に応じて、具体表現を用いるのか、抽象表現を使うのかを判断します。

例として、次の二つの文章を見てください。

A．朝から2時間、書類作成に取り組んだ。帰宅後も夜中まで企画書を書いていた。
B．私は力を尽くしたつもりだ。

Aの文章は具体的な事柄のみで書かれています。何を何時間していたのかが詳しく（具体）述べられていますね。しかし、それらの内容を総括してまとめる言葉（抽象表現）がないため、「つまり何が言いたいのか」が不明瞭です。「この書き手は自分の行動を挙げているけれど、結局は何が言いたいのか？」と疑問に思われてしまいます。

一方、Bは抽象的な内容のみの文章です。端的ではありますが、言葉があまりにも足りません。「何についてどれだけ」力を尽くしたのかがわからないので、読み手はどう反応したらよいかわかりません。具体性に欠け、話し手の意図が全く見えませんよね。

次に、このAとBの文章を合わせてみます。

朝から2時間、書類作成に取り組んだ（具体）。帰宅後も夜中まで企画書を書いていた（具体）。私はそれだけ力を尽くしたつもりだ（抽象）。

具体表現と抽象表現の両方を用いているので、何をどれだけの時間行ったのか（具体）と、つまり何が言いたいのか（まとめ・抽象）が読み手に伝わりやすくなりました。

小学生が書く日記でも、「今日、どこで、誰と、～をしました（具体）。」だけでは、文章が締まりません。反対に、「今日は楽しい一日でした（抽象）。」だけでも、何がどう楽しかったのかが不明瞭です。
具体的な内容と抽象的な内容をバランス良く述べることで、読み手にぐんと伝わりやすくなります。文章を書く際にはぜひ意識してみてください。

【④ 1文1義を心掛ける】

一つの文に多くの話題を詰め込みすぎないこと。複数の話題を読点（、）で繋げた文章は読みにくく、各々の内容が薄まってしまいます。1文には一つの話題、多くても二つぐらいに留めてみてください。

1文に多くの情報を詰め込んでしまった文例を挙げてみます。

私は朝起きて、ふと外が騒がしいことに気付いたので、慌てて着替えて飛び出したら、人が大勢集まっていたけれども、何が起こっているのかわからないままで、隣の家の人と話しながらしばらくその場で様子をうかがっていたら、どうやら近隣の家がガス漏れをしているらしいとのことだった。

文意が通じない訳ではありませんが、次から次へと話題が連なっているせいで、全体の内容がぼんやりしています。話題が頭に残りにくく、流れてしまっている印象です。

内容を変えずに、何か所か句点を入れてみますね。

私は朝起きて、ふと外が騒がしいことに気付いた。慌てて着替えて飛び出したら、人が大勢集まっている。何が起こっているのかわからないまま、隣の家の人と話しながらしばらくその場で様子をうかがう。すると、どうやら近隣の家がガス漏れをしているらしいとのことだった。

傍線部が、特に大事な情報です。この大事な情報を1文に一つだけ入れるようにすると、文がすっきりします。読み手は内容を整理しつつ、場面を想像しながら読み進めることが可能になります。

「外が騒がしかった（…うんうん）。外には人が集まっている（…何があったのかな?）。しばらく様子をうかがっていた（…一体何が?）。ガス漏れをしているらしい（…えっ!それは大変!）。」などというように。

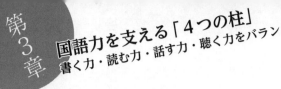

【⑤ 1文はなるべく50字以内に収める】

1文が長すぎるのも文意が伝わりにくくなる原因に。作文指導をする際、私は生徒たちに、「自分で書いた文を音読してごらん。息継ぎをしないで一息で読める長さでマル（句点）をつけるよ。」と教えています。1文1義を頭に入れ、だいたい50字以内を目途にして書くと読みやすくなります。

次の文章は約50字の文章です。できれば声に出して読んでみてください。個人差はありますが、一般的な女性を基準にして、息継ぎなしで読めるギリギリの長さになっています。

（例）4年間に渡る大学のサークル活動を通して、協調性を重んじることの意義と必要性を改めて痛感させられた。（49字）

50字というのはあくまでも一つの目安です。実際には、1文の長さは〇字でなくてはならないという決まりはありません。長い文章でもすんなりと内容が伝わる文なら問題はないでしょう。しかし、あまりにも長すぎる文章は、「つまり何が言いたいのだろう」「着地点はどこだろう」と、読み手に緊張感とストレスを与えます。状況や場面にもよりますが、長い1文を書くよりも、短い文章をいくつか重ねて書いたほうが誤解なく伝わるものです。自分で書いた文章を読み返して、50字を大きく超えるようならば、途中で句点（。）を入れてみてください。

【⑥ 主語（主部）と述語（述部）をきちんと対応させる】

文章には主語と述語があります。主語は「誰が（何が）」にあたる部分です。述語は「どうする」「どんな（様子）だ」という内容を示し、主語について説明する役割があります。主語と述語が一つずつしかない、いわゆる「単文」であればわかりやすいのですが、「重文」や「複文」になると文章が複雑化します。その結果、主語と述語がちぐはぐな「ねじれ文」ができ上がってしまうのです。

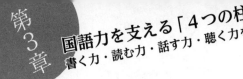

（主述がねじれている文章例）

最も感動した思い出は、友人たちが私のためにパーティーを企画してくれて、涙が出るほど嬉しかった。

この文の主語は「思い出は（何は）」です。述語は、「企画してくれて（述語1）」と「嬉しかった（述語2）」の二つですが、「思い出は」に対応する述語は「企画してくれたこと（述語1）」の方です。「思い出は…嬉しかった（述語2）」とはなりませんよね。

○　思い出は、（主語　ナニハ）…企画してくれたことだ（述語1　ナンダ）
　　↓主述が対応している

×　思い出は、（主語　ナニハ）…嬉しかった（述語2　ドンナダ）
　　↓主述が対応していない

「嬉しかった（述語2）」の主語は、本文では省略されている「私は」です。「思い出は（主語）…企画してくれたこと（述語1）」なのにもかかわらず、述語の後ろに読点がついて文が続いたため、この述語の存在がうやむやになってしまいました。例外もありますが、基本的に日本語の述語は文末にきます。日本人ならばそれを無意識に体得しているので、一読すると、「思い出は…嬉しかった」のように文末の述語（述語2）に繋げて解釈してしまい、読み手に違和感を与えるのです。

主語と述語を正しく対応させると次のようになります。

最も感動した思い出は、友人たちが私のためにパーティーを企画してくれたことである。

涙が出るほど（私は）嬉しかった。

主語と述語のペアをしっかり対応させるようにしましょう。

【⑦ 修飾語は被修飾語の直前に入れる】

詳しく説明する言葉（修飾語）と説明される言葉（被修飾語）が遠いと、二重の意味になることがあり、読み手に誤解や混乱を与えます。両者を近付けて書くことでわかりやすい文章になります。

（例）そこに、大きな青い目の猫が現れた。

この場合、「大きい」のは目なのか、はたまた猫の体なのかがはっきりしません。日本語は書かれている語順通りに解釈するものなので、通常なら「大きな」も「青い」も「目」に係ると考えるのが自然です。したがって、書き手が「目」を説明する語として「大きな」を使っているのなら良いのですが、もしも、「いやいや、違うよ。大きいのは目ではなくて体だよ。目が青くて体が大きな猫が現れたと伝えたいの。」と言うのであれば、やはり修飾語である「大きな」の位置はここではありません。

そこに、青い目の大きな猫が現れた。

と書くべきでしょう。
このように、修飾される語（猫）の直前に入れると、読み手に誤解を与えずに済みます。

【⑧同語表現の繰り返しを避ける】

何度も同じ表現を繰り返すのは、語彙力が乏しい印象を受けます。強調したくて故意に繰り返すのならば問題ないのですが、考え無しに同じ言葉を何度も使うのは避けたいところです。同じ言葉は「それ」「この」などの指示語で表したり、違う表現で言い換えたり、いっそのことカットしたりしましょう。

（同語の繰り返し文例）
私は干し柿の味が好きなのだが、干し柿が購入できるのは秋から冬にかけてのことである。そこで私は秋から冬にかけて購入した干し柿を冷凍しておいて、春以降も干し柿の味を楽しんでいる。

右の文には「干し柿」という言葉が4回出てきます。他にも、「味」「購入」「秋から冬にかけて」が2回ずつ書かれていて、文全体がどことなく冗長なイメージを受けます。

（添削例）
私は干し柿が好きなのだが、購入できるのは秋から冬にかけてのことである。そこで私はその時期に買っておいたものを冷凍しておいて、春以降も干し柿の味を楽しんでいる。

どうでしょうか。先ほどの文章よりすっきりしませんか。「干し柿」という単語は2語に減らしました。ラストにもう一度使ったのは、読み手に再度「干し柿」の存在を印象付けるためです。「味」「購入」「秋から冬にかけて」はカットしたり、指示語を用いたり、他の言葉で言い換えたりしました。
説明不足にならないように留意しつつ、無駄のない文章を目指しましょう。

【⑨五感を使って表現する】

海水浴に行きました。海辺にはたくさんの人がいて、泳いだりボールで遊んだりしていました。

この例文は見た事柄（視覚）の情報しか書かれていません。そこで、「嗅覚」情報と「聴覚」情報をプラスして書き直すとこうなります。

海水浴に行きました。潮の香りの混じった熱い風が体を包みます。青空の下、海辺では多くの人が歓声を上げながら、泳いだりボールで遊んだりしていました。

ほんの些細なことですが、五感情報を入れるだけで海辺の様子がより想像できるようになりました。夏の暑さ、海辺の匂い、人々が声を上げてはしゃいでいる様子がありありと目に浮かびます。

【⑩ 時間軸を意識する】

作文の内容が「過去」のことなのか、「現在」のことなのか、読み手にはっきり伝わるように書きましょう。例えば日記であっても、過去の出来事しか書いてはいけないという決まりはありません。過去の経験が現在の自分にどう変化を与えたのか、どんな気づきをくれたのか。そんな今の思いを綴っていきます。

●**過去**の事柄・状況・心情
●**現在**の事柄・状況・心情
●**将来**（未来）の予測・願望・抱負・課題

どんな文章でも、その内容の中に流れている時間を意識してください。現在のことだけ、過去のことだけではなく、過去・現在・未来という時間軸を意識した文章を書くことで、文章が「点」ではなく「線」になり、ぐんと広がりが生まれます。

それは事実？　それとも感想？

話題というのは、「事実（客観）」と「意見・感想（主観）」に大きく分けることができます。

話を聞いたり読んだりする際、「何が事実で、どこからが話し手（書き手）の主観なのだろう？」と意識することは、正確な内容理解に繋がります。

また、それは自分が話をする時も同じです。本当のこと（事実）や現実に起こったこと…いわゆる客観的内容と、自分が思ったこと・考えたこと…いわゆる主観的内容を整理して話すと、聴き手に伝わりやすくなります。逆に言えば、この客観と主観がごちゃ混ぜになった話は極めて伝わりにくく、誤解されやすいものになるのです。

例えば、こんな経験はないでしょうか？お子さんに、

「今日の理科の時間、どんなことを勉強したの？」と質問したとします。

お子さんはこう答えます。

「…え〜とね、え〜と、難しくてよくわからなかった。ビーカーの水を調べるんだけどね、ワークをやろうと思ったんだけど時間がなくてね…」

支離滅裂ですね（笑）。「どんなことを勉強したのか？（事実）」の答えになっていません。「難しい」「やろうと思った」などの主観部分と、「ビーカーの水を調べる」という客観の部分が混在していて、要領の得ない答えになっているのです。

多かれ少なかれ、ほとんどの子どもがこのような話し方をします。特に幼少期は、現実と自己の内面世界との境界が曖昧で、客観と主観の認識も希薄です。そして意識をしないと大人になっても同じような話し方をしてしまう恐れがあります。事実ばかりを話すと、「何を考えているのかわからない」「自分の意見がないのか」と言われ、感想ばかり話していたら、「感情的だ」「話に信憑性がない」などと言われるかもしれません。とても大事な考え方なので、もう少し掘り下げて説明していきますね。

主観的と客観的

主観とは…個人の考えや気持ち・感想
客観とは…個人の考えや気持ちを入れない見方・事実や一般論

哲学的な意味・辞書的な定義とは多少異なりますが、小学1年生にでも理解できるように、私の塾ではそう大まかに教えています。

例えば、「読書感想文」は主観的な考えを書くものです。本を読んで感じたこと、考えたことを中心に綴っていきます。一方、「新聞記事」には客観的な事実が書かれています。

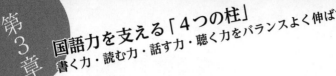

感情を入れず、事実だけを述べる形式です。「要約文」も同じく、客観的な事実、つまり、本文に書いてあることのみをまとめるものです。「日記」や「体験文」は、「いつ・どこで・誰が・どうした」等の客観的事実と、その出来事を通して何をどう感じたか、思ったかなどの主観を書きます。「小論文」においても、主客どちらも必要です。

このように、出されている作文課題の性質を知り、常に「客観的な事柄」と、「主観的な事柄」を意識・整理しながら書くことが肝要です。

「トマト」ってなに？　どんなもの？

物事を考える時もこの「客観」と「主観」は役に立ちます。「私は～と思う」という主観ばかりで考えるのではなく、「客観的に考える」ことができるようになると大変便利です。

例えば、あなたが「トマト」という食べ物を全く知らないとします。花子さんに「トマトってどんなもの？」と質問したところ、花子さんは次のように答えました。

「まずいんだよね、トマトって。あの赤い色もいや。栄養があるのはわかるけれど、野菜の中では一番きらい！　直径４～９㎝ぐらいの一般的なトマトと、直径２～３㎝のミニトマトがあるけど、どっちもすっぱくて食べにくいよ。」

あなたはトマトというものを見たことも味わったこともありません。そんな中、花子さんの説明を聞いてトマトというものがどういうものか正しく理解できるでしょうか？

花子さんの話の情報を主観と客観（事実）に分けてみましょう。

●客観的な事柄（事実）
・赤い色
・栄養がある
・野菜
・一般的なトマトは直径4～9㎝
・ミニトマトは直径2～3㎝

●主観的な事柄
・まずい

・いや
・一番嫌い
・すっぱくて食べにくい

人に何かを説明する時、この主観と客観をごちゃ混ぜにせず、整理して伝えるとわかりやすいものになります。先ほどのトマトの例では次のように説明するとよいでしょう。

トマトは、赤い色をした栄養のある野菜で、直径4~9㎝の一般的なトマトと、直径2~3㎝のミニトマトがあります。（客観）しかし、私はトマトが嫌いです（主観）。すっぱくて、おいしいと思えないからです（主観）。

「みがく」では、客観・主観をしっかり区分けして考える練習をするために、「主観・客観　カード作文」という学習を行っています。

※次頁の例では「ちびまる子ちゃんのことわざかるた」（集英社）を使用

客観的なことがら

【だれが見ても、もっともだと思われるような立場で、ものごとを考

人物《じんぶつ》の性別《せいべつ》・年代《ねんだい》は？

小学生ぐらい
男の子

服装《ふくそう》は何《なに》を着《き》ている？色《いろ》は？

緑色のTシャツ
青色の短パン
水色のラインの入った
白色のくつ下
青色のくつ

持《も》ち物《もの》

バケツ

時間帯《じかんたい》

午前
〜
午後

何《なに》をしているところ？

たき木に水を
かけている。

他にも客観的なことをどんどん書いてみよう！

男の子の後ろに子どもが
もう一人、バケツを持って立っている。

川の向こうには山や木が
生えている。

子ども二人の周りにはざっそうが
少し生えていて、あとはほとんどが土。

水の入ったバケツがあと二つ
置いてある。

主観的なことがら

【自分ひとりのものの見方・感じ方によっていることや考え】

その人物《じんぶつ》はどんな気持《きも》ちだと思《おも》う？

後ろの女の子が見張っているから、本当はなまけたいが
仕方なく火を消している。

何歳（何年生）ぐらいだろう？

小学校三年生ぐらい。

どんな性格《せいかく》だろう？

なまけ者で指示されるまで行動しないが
根は真面目でやさしい性格。

少し前にはどんなことがあった？

二人でどっちが多く魚をつることができるか勝負していた。
男の子がその勝負に勝ったが、魚を分けてあげて二人で魚を焼いて会話しながら
楽しく食べた。

これからどうなるのかな？

他の学校の子どもたちと会い、ドッジボールやおにごっこなどをして
日がくれるまで遊ぶんだ。

他にも主観的なことをどんどん書いてみよう！

川の向こうの山には鹿やきつねなど多くの野生動物がいる。

男の子のたん生日は二月六日だ。

現在の気温は二十六度と
昨日よりも二度高い。

水の入ったバケツの中に小魚が
一匹まぎれている。

キャンプ場には二人で来てきた。

川の中には主の大ナマズが
住んでいる。

男の子は女の子のことが好きだ。

雲の中にUFOがかくれている。

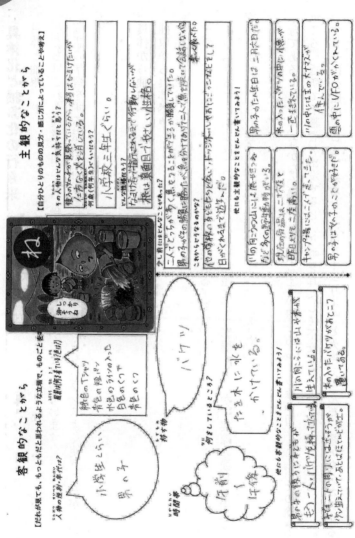

具体化と抽象化の行き来

具体と抽象。

私たちはこれら両者を用いて、物事を考えたり、説明したりしています。

国語の学習をする際は、両者をしっかり意識し、どちらもバランスよく使うことが大切です。

具体から抽象へ
抽象から具体へ

その作業を難なくできる子は国語の力がある子です。

この「具体」と「抽象」の考え方が読解問題にどう影響するのか、実際の模試を用いて説明しますね。もし良かったら一緒に考えてみてください。


(母であるマリ子は、なかなか帰宅しない小学生の娘をあちこち探し回ります。その途中、近ごろ、近所で不審者が出没するという噂を耳にして不安を募らせます。)

マリ子は公園の入口まで来ると、「ユリ！ユリ！」と大声で叫んだ。膝がガクガクするのを両手でぐっと押さえつけ、広い園内を駆け出そうとしたその時、背後から聞きなれた声がした。「お母さん?」…振り返るとそこにはユリが立っていた。手には薄紫のコスモスが5本ほど握られている。マリ子は力いっぱいユリを抱き締めて泣いた。声を上げ、子どものように泣いた。

問題　傍線のように、マリ子が「泣いた」のはなぜですか。

生徒の答えでよくあるのが次のような内容です。
「娘が見つかったから。」
「公園に、探していた娘がいたから。」

確かにある意味、間違えてはいません。でも、「見つかったから」泣く、「娘がいたから」泣く…では説明不足です。どうして見つかったから泣くのでしょう。見つかったのだから、やったあ!と笑ってもよいですよね。なぜ泣くことがあるのでしょうか?

このような「物語」や「小説」においては、文章に書かれてある「事実」や「言動」を通じて、その人物の心情を想像しなくてはいけません。つまり、具体的な事象をもとに「抽象化」するという作業が必要なのです。

上の文章で言うと、
・マリ子の娘が帰宅しない
・マリ子が娘を探し回った
・最近、近所に不審者が出るという噂を聞いた
・娘が見つかった
これらは全て具体的な事実です。これらを答えとして書くだけでは不十分なのです。


「マリ子が泣いた」というのも具体的な事実。「マリ子はどうして泣いたのか」という問いに対して、

「探していた娘が見つかったから。」という事実だけを答えるのではなく、これらの事実から心情を推しはかります。

見つかってどう思ったのか？

安心した／ホッとした／安心して気が緩んだ／ホッとして肩の力が抜けた／など

よって、先ほどの問題の模範解答としては、

「必死に探していた娘が見つかり、安心して気が緩んだから。」

となります。娘が見つかった。だから泣いた…では説明不足です。見つかった時の心情を推察して言葉で置き換え、「安心した」まで書かないと点数はもらえない、または減点されてしまいます。

これは物語に限らず、随筆や説明文でも同じです。文に書いてあることだけを切り貼りしてまとめる。それで点数が取れるうちはよいのですが、学年が進むとそう単純にはいきません。国語の試験では、書いてある事実（具体）を総括（抽象化）する力が問われます。「つまり何なのか」「つまりどう思ったか」とまとめる力です。

日常会話を見直そう

主観と客観。具体と抽象。これらが「書く」上で大きなポイントになってくることはお分かりいただけたでしょうか。これらの考え方は書く時のみならず、会話においても同様

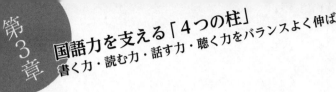

に言えます。お子さんと会話をする時に、質問内容をもっと意識してみて欲しいのです。

例えば、「今日、学校はどうだった？」などという質問は、とても曖昧です。「どうだった？」と言われても、子どもは何をどう答えていいかわかりません。「別に」「ふつう」などという答えが返ってくるのがオチでしょう。

質問をする時には　事実（客観情報）について聞きたいのか、子どもの意見・感想（主観）を聞きたいのか、もしくは、その両方なのか。それらを意識して質問します。

「今日の体育の時間はどんなことをしたの？（客観情報について質問）」

「今日の算数、新しいところを勉強したんだよね？どう？難しかった？（感想について質問）」

などと、最初は敢えて客観と主観を同時に聞かずに、どちらか一つに絞って質問すると、お子さんが答えやすいと思います。もしそこで、意図するものとは異なる答えが返ってきた時には、

「お母さんは今、事実（または主観）について質問したんだよ。」

「もう少し具体的に教えて。」

などと修正し、改めて答えを促してあげてください。

家庭での会話の質が我が子の国語力に少なからず影響を与えるということを忘れずにい

たいものです。

演繹法と帰納法

国語の要である論理的思考の具体的な方策として、「演繹法《えんえきほう》」「帰納法《きのうほう》」があります。言葉は聞いたことがあるけれども、よくわからないという人も多いのではないでしょうか。この二つの論法。実は私たちも日常生活や仕事などで意識せずに使っています。難しく説明すると混乱すると思いますので、具体例を挙げて要点だけを説明しますね。論展開の方法には諸説ありますが、その考え方だけでも知っていただけたらと思います。そして論理的に考えたり、説明したりするときにご活用ください。

●演繹法

①野菜は栄養豊富な食べ物である。
②ピーマンは野菜の一種だ。
③だからピーマンは栄養豊富な食べ物なのだ。

まず、前提となる理論・一般論・ルール（①）をもとに、具体的な情報（②）をいくつか挙げて①に結び付け、結論（③）を導き出すやり方が「演繹法」です。

前提が間違えていなければ、「説得力をもって根本的な結論を出せる」というメリットがある反面、前提が間違えている（または一面的な）場合には結論も当然間違えたものになる、というデメリットがあります。

●帰納法

①ピーマンにはビタミンCが多い。
トマトにはリコピンが豊富だ。
ゴボウを食べると便秘が解消された。
玉ねぎは血液をサラサラにする効能がある。
②野菜は栄養豊富な食べ物である。

具体的な情報（①）を複数挙げて、そこから結論（②）を導き出すやり方を「帰納法」と言います。一つずつ情報を重ねていくので「結論への信用度が増す」というメリットがある反面、導き出された結論はあくまでも「推論」の域を出ないというデメリットがあります。また、結論を導く際にズレや飛躍を生んでしまうことも。

この演繹法と帰納法に優劣はありません。どちらも組み合わせて使うと、自分の意見がより補完されますよ。

さて、演繹法と帰納法について簡単に説明しましたが、せっかく積み上げた論理でも、それが破綻していたら意味がありません。二つの論法の「失敗例」について、具体的に挙げてみますね。

☆演繹法の失敗例

①東京の夏は蒸し暑くて上着は不要だ。
②東京旅行に出掛ける今は、夏である。
③明日の東京旅行に上着は不要である。

①の前提が一面的なままで論じ進めると、③のような結論になりかねません。確かに東京の夏は蒸し暑いでしょう。でも屋内においては、寒いぐらいに冷房が効いている場所が多いものです。一枚羽織るものがなければ、特に女性は寒くて堪りませんよね。

☆帰納法の失敗例

①25才の学は、スリムなあけみと付き合っている。
24才の克也はスリムな美佳と付き合っている。
28才の諭史はスリムなマスミと付き合っている。
②20代の男性はスリムな女性が好きである。

どれだけのデータをとったのかわかりませんが、②の結論はどう考えても正しいとは思えません。20代の男性全てがスリムな女性好きというのは随分と乱暴な結論です。情報の集め方に偏りや不足があったり、論じている者の主観が色濃く入ったりすると、導き出される結論も主観の強い推論で終わってしまいます。
演繹・帰納とも、このような論理破綻は意外と多いものです。

例えば、
お金持ちは幸せである。
Aさんはお金持ちだ。

Aさんは幸せに違いない。

論理が飛躍していますね。これは論理ではなく、固定観念と言います。

「五感」を使って表現する

何かを説明するときや自己の体験を伝えるとき、私たちは見たもの（視覚情報）に偏っていることが多いものです。例えば、山に遊びに行ったときの作文として、

「山にはリスがいました。ぼくの足元を走り抜けて木の上に上っていきました。」

こんな感じの作文を生徒たちはよく書きます。「見たもの」だけを書いた文ですね。それをこんな風に書き変えるとどうでしょう。

「カサカサカサという音がしたので下を見ると、そこには一匹のリスがいたのです。ぼくの足元を駆け抜けると、木の上に上っていきました。」

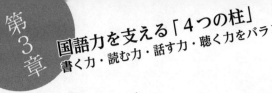

ほんの小さなことですが、最初の文に「音」（聴覚情報）を入れるだけで、一気に臨場感が増してきます。さらにそこに「木のにおい」や「吹き付ける風の感覚」などを加えると、読み手の頭の中にも森の様子がまざまざと浮かぶような文章になるでしょう。

「五感」を使って観察し、それを文章で表現することを心掛けると、ぐんと表現力が豊かになります。お子さんとどこかに外出した時、「音を聞いてみようか」「触ってみてごらん」「香りはどう？」などと、五感を意識した声掛けをして、お子さんの「感覚スイッチ」を入れてあげてください。それらの積み重ねがお子さんの感受性を刺激し、観察力や表現力を高めることに繋がります。

「国語専門塾みがく」の人気学習の一つに「五感紹介文」があります。視覚・聴覚・嗅覚・味覚・触覚の五感をフルに使って対象を観察し、それを作文にするというものです。毎回お菓子を使って五感観察を行っているので、「今週は五感作文だよ。」と言うとほとんどの生徒が喜びます。

まずは五感を使って対象をじっくりと観察し、それらを下書きシートに記入していきます。

□見た目（形や色、大きさ、その他の特徴）
□音（割った時の音や噛んだ時の音）
□香り・におい
□触った感じ
□味・食感
□類似賞品との比較
□商品の売り・良いところ
□この商品は特にどんな人にお勧めか
□商品情報（価格・製造会社・販売店・その他の情報）

下書きシートを書いたあとは、その商品の「紹介文（PR文）」を書いてもらいます。「あなたがその商品を販売する立場だとして、読んだ人が思わず買いたくなるような文章を書いてね。」と指導しています。生徒たちは書き終えた下書きシートの中から情報を取捨選択し、「熱」を込めて文章にしていきます。実は、視覚以外の五感は主観的なものなのですよね。味も香りも、聞こえてくる音も、受け取る側によって異なります。したがって、紹介文には客観と主観が入り混じってしまいますが、この学習は、五感を駆使して観察・

表現をすることや、人の心を動かす文章を書くことをねらいとしています。

生徒の作品をご紹介しますね。思わず「うまい棒」が食べたくなります。

堂柿　駿くん（当時中3）の五感紹介文

一九七九年に販売が開始され、子どもや若者を中心に人気を集めている棒状のスナック菓子「うまい棒」。「なっとう味」や「シュガーラスク味」などのユニークな味があり、誰もが何かしら好きな味にめぐり会えます。一本十円という低価格なので手軽に試してみることができるのも大きな魅力です。

さて、今回はその中から「コーンポタージュ味」を紹介したいと思います。

気になるその大きさですが、全味共通で縦十一㎝、直径二・五㎝となっています。小ぶりにも思えるこのお菓子ですが、中にはたくさんの魅力が詰まっているのです。太陽をたっぷり浴びたコーンを思わせる黄金色。そこからは甘くてまろやかなポタージュの香りが漂います。実際に食べてみると…サクッ。軽い食感とともに、ほんのり塩味を帯びたコーンポタージュの風味が口の中いっぱいに広がっていくではありませんか。そして後味は、「本物のポタージュを飲んだのか？」と思わず錯覚してしまうほどのリアルな味わい深さです。

これは他のスナック菓子では決して体感できません。

「うまい棒」シリーズでも屈指の人気フレーバー「コーンポタージュ味」。株式会社やおきんが販売元となっており、全国のスーパーマーケットはもちろん、台湾や韓国など日本国外でもお買い求めいただけます。皆様もぜひご賞味あれ。

「日記」で記述力アップ

何もない日は一日たりともありません。家族や友達との会話、通学途中で見たことや聞いたこと。授業で習ったこと…。世界は気付きと発見に満ちています。日ごろから興味や知的好奇心のアンテナを張っている子は聡明に育ち、感受性豊かに日々を過ごしている子は心の襞《ひだ》が深くなります。文章力はもとより、脳や心を大きく成長させていきたいと願うなら、日記を書くことは最適なトレーニングです。また、文章力はもちろん、想像力や思考力について悩んでいる方もぜひこの日記学習に取り組んでみてください。お子さんが「書くことがない」と言うときにはその日の出来事を一緒に振り返ってみて欲しいのです。楽しかったことを書くばかりが日記ではありません。今日の服装、叱られたこと、ペットの様子、兄弟げんか、先生の言葉、外で見つけた草木や雲の形、ふと考えたこと…。何かに焦点を当てて書いてみましょう。慣れるまでは次の流れで書き進めるとよいと思います。

★日記の書き方

1 客観的な情報
いつ・どこで（どこに）・誰が（誰と）・何をしたか

2 1の内容をもう少し具体的に（詳しく）説明
なぜそれをしたのか（理由）・何時頃にしたのか・どのようにしたのか（行ったのか）など

3 その出来事の中で、最も印象に残ったこと
例：最も楽しかったのは…／残念だったことがあります。それは…／一番難しかったのは…など

4 3の内容を具体的に（詳しく）説明
五感表現（音・声や会話・香り・触った感じ・味…）を何か入れると臨場感が増します

5 その経験を通じて得たもの
気付いたこと／発見したこと／失敗したこと／反省点／今後の課題から一つ以上は選んで述べます

6 まとめ
例:大変○○な出来事でした。／また～と思います。／有意義な～でした。／～な一日でした。など

※できれば専用の日記ノートを用意しましょう。方眼タイプが書きやすいと思います。縦書きにして、最初はノートの半分程度、慣れてきたら1ページぐらい書けるようになるのが目標です。

※朝起きてから夜寝るまで…などと一日の行動をダラダラと書くのではなく、一つまたは二つ程度の出来事に絞って書く…いわゆる「山場を作る」ことを心掛けましょう。それが大きなポイントです！

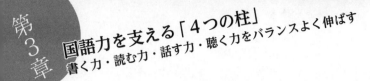

「要約文」を書こう

文章の主旨をまとめたり、要約したりするのも大事な「書く力」です。主旨や要約は、本文の内容をまとめたものです。筆者が述べている内容をぎゅっと凝縮して、大切な部分を書きまとめていきます。当然ですが、主旨や要約に主観は入れません。必要があれば自分の言葉で端的に言い換えますが、本文の内容は決して変えてはいけません。

筆者が本当に伝えたいことだけを抜き出して、それを引用しつつ自分の言葉で再構成するのが要約の基本です。この要約力が身に付けば、人の話の内容を「つまり…」とシンプルにまとめたり、自分で話したり書いたりするときにも、要旨のみをすっきりと伝えることが可能になります。また、要約力は読解力にも直結するものです。ドリルを解き続けるだけではなく、仕上げとしてその文章を要約する練習をするとよいでしょう。内容の理解が深まって読解力にも好影響をもたらします。

初めて要約練習をする際には、

・1000~1500文字程度の話が複数収録されている本
・物語よりも説明文またはエッセイ（随筆）

が、取り組みやすいでしょう。慣れてきたら、長めの話や物語の要約にも挑戦してみてくださいね。

初心者向けの要約練習としては次のような方法があります。

①要約練習をするページを一読する。
②話の筋として大事な箇所に線を引く※。
③線を引いた文を、切ったり継いだりしながらノートにまとめる。最初は自分の言葉でまとめなくても良い。慣れてきたら、言い換えたりまとめたりする。

※線引きのポイント
・文頭と文末は大事な情報や、強く伝えたい筆者の主張が書かれていることが多いので線を引く。
・要旨に直接関係しない限り、「例」の部分には引かない。
・いつ、どこで、誰が、何を、どうした、なぜ…の客観情報はなるべく入れる。

その本を読んでいない人でも、引いた線を繋げて読めば内容が理解できることを念頭に置きます。最初は400字程度で要約文を書いてもらい、慣れてきたら200～100字と、少しずつ字数を減らしていきましょう。

文を読むことや書きまとめる速度が遅い場合は、タイマーなどを使って時間を意識するようにしてください。「3～5分以内で読もう！」などと目標を決めて取り組みます。

「新聞書写」で国語力の底上げを

「国語専門塾みがく」で力を入れている指導の一つに「新聞書写」があります。

この新聞書写には次のような効果があります。

1　語意力がアップする！

記事中で、意味のわからないものがあれば辞書で調べます。そして、「言葉ノート※」に調べた意味を書き込んでいきます。（※第4章参照）

2　客観的な文章・読みやすい文章とはどんなものなのかが体得できる！

新聞記事の大半は「客観的事実」を述べてあります。「自分の意見・感想」と「事実」をしっかり区別して表現するためには、客観的な事柄が書かれている文章に多くあたることです。

また、新聞記事はプロのライターが書いています。わかりやすく伝えることを前提として書かれているものです。学ぶことの第一歩は「真似《まね》ぶ」こと。良質な文章を数多く書写することで、語意や表現、表記、文章の骨子などを体得できます。

3　時事問題や環境問題などにも関心が出てくる！

教科書や参考書ではリアルタイムな世間の情報が伝わってきません。その点、新聞記事は絶好の教材です。私たちの周りで起こっている様々な社会問題に関心や問題意識を持てるように、子どもの頃からアンテナを伸ばしておくことはとても重要です。

この「新聞書写」をアレンジして、

・その記事に対する感想や意見
・特に興味を持った部分はどこか

などをノートに書いたり、わからない言葉を調べたり、すらすらと音読ができるまで練習したり。工夫次第で、様々な分野の国語力が鍛えられます。

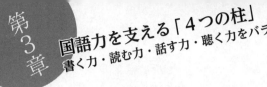

「新聞書写」は集中力を高めるトレーニングとしても最適。
毎回 15 ～ 20 分間の書写を続けてみよう。

想像力を鍛えよう～「変な生き物図鑑」

◇発想力＝アイディアを生み出す力・思い付く力
◇想像力＝具体的にイメージする力

国語にはどちらの力も必要です。

「みがく」の人気学習の一つである「変な生き物図鑑」は、この二つの力を伸ばしていく内容となっています。この世にいそうだけれども存在しない、というルールで、とびきり不思議で奇妙な生き物を考え出すという学習です。

生徒が生み出した「変な生き物」たちをいくつか紹介しますね。

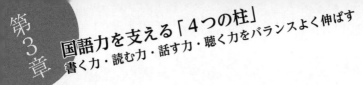

1分類　2名前　3体長《たいちょう》　4生息地《せいそくち》　5食べ物　6空欄に詳しい特徴《とくちょう》（見《み》た目、性質《せいしつ》、その他《た》の情報《じょうほう》…例《たと》えば、弱点《じゃくてん》やルーツ、名前の由来《ゆらい》など、できるだけ具体的に書く）

1 哺乳類《ほにゅうるい》・鳥類《ちょうるい》・爬虫類《はちゅうるい》・両生類《りょうせいるい》・魚類《ぎょるい》・昆虫類《こんちゅうるい》・クモ類《くもるい》・多足類《たそくるい》・軟体動物《なんたいどうぶつ》・妖怪《ようかい》・ゆるキャラ・その他

2 ドクバリザリガニ　3 25cm

4 オーストラリアの小川　5 魚

6

手	の	周	り	が	と	げ	で	お	お
わ	れ	て	い	る	。	目	の	前	に
魚、	が	や	っ	て	く	る	と	、	手
で	大	き	く	振	り	当	て	気	絶
さ	せ	る	。	魚	を	食	べ	る	時
は	、	と	げ	が	じ	や	ま	に	な
り	、	少	々	食	べ	づ	ら	い	。

A ドクバリザリガニ（松倉永和くん作）

体中に針のような棘がびっしり。刺されると体が麻痺するという恐ろしい生き物です。

①プロシュノサウルス

②その他

③約5m

④オーストラリアと近くの島

恐竜の中でも竜脚類に属する恐竜だが、その
中でも小さめだ。竜脚類とは、陸に生活する、
大型の首の長い恐竜で、名前にする「プロ」
とは〜の前という意味だ。小さな島にすんで
いたため、体が小さくなったという説がある。
近くの島で発見される理由は、つながってい
た大陸が動き、一部が島になったからだ。

B プロシュノサウルス（坂上悠崇くん作）

長い年月、小さな島で生息してきたため、体が小さいままになったという説がある竜脚類。

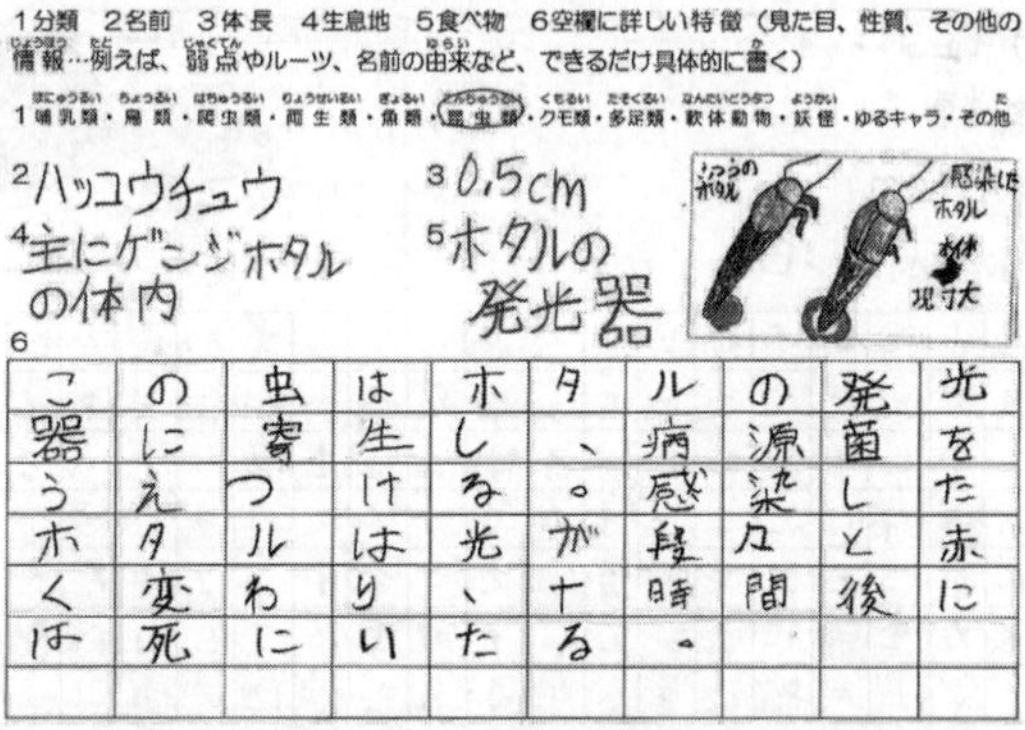
1分類　2名前　3体長　4生息地　5食べ物　6空欄に詳しい特徴（見た目、性質、その他の情報《じょうほう》…例《たと》えば、弱点《じゃくてん》やルーツ、名前の由来《ゆらい》など、できるだけ具体的に書く）

1哺乳類《ほにゅうるい》・鳥類《ちょうるい》・爬虫類《はちゅうるい》・両生類《りょうせいるい》・魚類《ぎょるい》・昆虫類《こんちゅうるい》・クモ類《くもるい》・多足類《たそくるい》・軟体動物《なんたいどうぶつ》・妖怪《ようかい》・ゆるキャラ・その他《た》

2ハッコウチュウ　3 0.5cm
4主にゲンジホタルの体内　5ホタルの発光器

6
この虫はホタルの発光器に寄生し、病源菌をうえつける。感染したホタルは光が段々と赤く変わり、十時間後には死にいたる。

C ハッコウチュウ（古屋嘉久くん作）

ホタルに寄生する虫。寄生されたホタルは発光色が赤くなります。

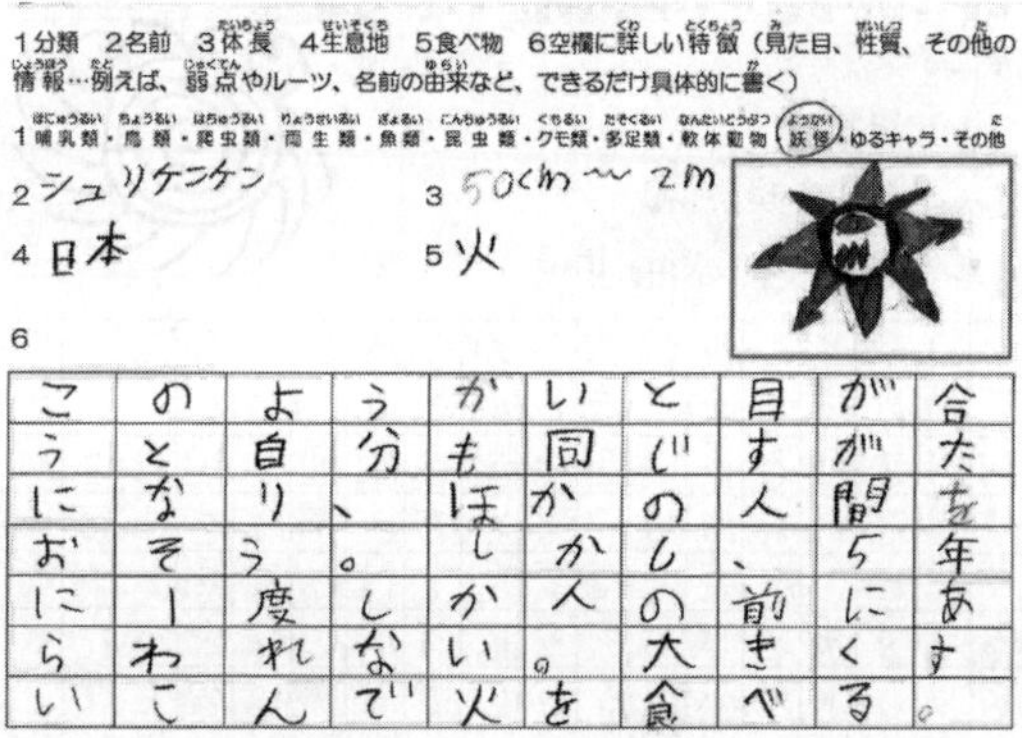
1分類　2名前　3体長《たいちょう》　4生息地《せいそくち》　5食べ物　6空欄に詳しい特徴《とくちょう》（見《み》た目、性質《せいしつ》、その他《た》の情報《じょうほう》…例《たと》えば、弱点《じゃくてん》やルーツ、名前の由来《ゆらい》など、できるだけ具体的に書く）

1哺乳類《ほにゅうるい》・鳥類《ちょうるい》・爬虫類《はちゅうるい》・両生類《りょうせいるい》・魚類《ぎょるい》・昆虫類《こんちゅうるい》・クモ類《くもるい》・多足類《たそくるい》・軟体動物《なんたいどうぶつ》・妖怪《ようかい》・ゆるキャラ・その他《た》

2シュリケンケン　3 50cm〜2m
4日本　5火

6
このようかいと目が合うと自分も同じすがたになり、ほかの人間をおそう。しかし、5年に1度しか人の前にあらわれない。大きくすいこんで火を食べる。

D シュリケンケン（平間尊くん作）

火を食べる妖怪。体の中心に目があり、見た者を自分と同じ姿にします。

① ワギョ
② 魚類
③ 約7cm
④ 京都府の池

和風の体の模様や尾が扇のような形になっていることからこのような名前が付けられた。池の中に生息している微生物を食べている。尾の模様はさまざまあり、オスはその模様が美しいほどメスが寄ってきやすい。また、生まれた季節によって、その季節らしい模様になる。上の絵は春に生まれた個体である。

E ワギョ（佐藤大斗くん作）

京都に生息する魚。産まれた季節によって尾の柄が異なります。

① キレイニシタニシ
② 軟体動物
③ 2cm（厚さも2cm）
④ 日本全国の池や水田の中

ギョロッとした丸い目から放たれる強い目力で、他の生き物を近くに寄せつけない。外側に付いている長い毛で池の側面や稲にこびりついた汚れをはらい落とす。掃除をすばやく行うため、ふだんは集団で行動する。お腹にあるうずまき状のみぞには小さな穴がたくさんあり、水や小魚など何でも吸い込んでしまう。

F キレイニシタニシ（遠藤麻衣さん作）

体の毛で池の汚れを落とします。腹部には無数の小さな穴があり、小魚などを吸引して捕食します。

あらゆる場面で使える「7ステップ作文」

「みがく」では、オリジナルの教材である「7ステップ作文（意見文）」学習を行っています。

これは、

●**筋道立てて書く力、話す力**
●**論理的に説明する力**
●**多面的に物事を分析する力**
●**読み手や聞き手の心情を害することなく、自分の意見を伝える力**

などを磨くトレーニングでもあります。

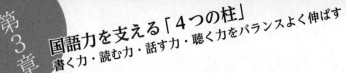

自分とは異なる意見を想定したり、反対意見の中でも同意できる部分を探したり。「相手」を尊重した上で、自分の意見をしっかりと伝えます。そして、この意見文を通して、相手に気付きや発見、興味を与えることができたら、さらに言うことがありません。

この「7ステップ作文」はどの年齢、どの目的にも応用できる内容になっています。私は今まで小学生から高校生はもとより、大学生の就活講座や企業向けの「文章作成」講座、経営者向けの「話し方講座」など、この「7ステップ作文」シートを用いて幅広く講義を行ってきました。「みがく」の授業では、受験を控えた生徒たちへの実践的な作文（小論文）演習としてもこの「七ステップ作文」を習慣化しています。

作文が苦手な小中学生に対しては、

・私の好きな動物・私の好きな遊びなどの「好きな〇〇」シリーズ

・「猫派か犬派か」「夏休みが得か、冬休みが得か」などの二者択一シリーズ

などといった取り組みやすいテーマから始め、「高齢者に優しい社会とは」「中学生が取り組む環境問題」など、少しずつレベルアップしたテーマに沿って書いてもらっています。

【7ステップ作文の書き方】

1 意見（結論）

なるべく簡潔に書いてください。スタートの文が長いと全体のリズムが悪くなるだけではなく、話題提起としての役割が薄まってしまいます。

2 理由

1で述べた意見に対して理由を述べます。小論文の場合は、意見の根拠も示してください。

3 意見に関係する客観的な事柄

1で述べた意見に対して、肯定的な事実(数字などのデータ)・情報・史実などを述べます。書籍等で調べながら書くと説得力が増します。また、類似したものや対称的なものと比較した情報も記していきます。

4 反対の意見

想定される反対意見や消極的な意見を考えて記します。自分の意見はいつも絶対ではありません。人によって見解が異なって当たり前なのです。自分はこう思うけれども、こういうふうに考える人がいるかもしれない、と他者の考えを想像することも不可欠です。また、文章を書く際は一面的ではなく、その側面や裏側に目を向けてみることが大切です。

5 反対意見の中で同意できるところ

自分とは異なる意見があったとき、いきなり「いや、でもね!」と反論したくなる気持ちをぐっと抑えてしっかりと耳を傾けます。その反対意見の中にも、「それはその通りだ」と思うところが必ずあるはずだからです。批判するばかりではなく、どうしてそのような

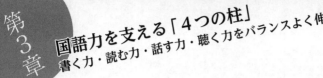

意見が出てきたのか、その背景を理解しようとする姿勢があると、人とのコミュニケーションが円滑にいきます。

6 反論

ここでいう反論は、相手と口論をする目的で行うわけではありません。自分とは異なる考え（反対意見）に対して、論理的に誤解を解いたり、解決策を示したり、別の視点を提案したりするものです。４に対する反論なのに話題がずれていたり、「頑張れば何とかなる！」というような根性論ばかりを書いたりしないよう注意しましょう。

7 もう一度、意見を述べる

文の最後は読み手の印象に残ります。１で述べた意見を、それとは違う言い回しで強調してください。

7ステップ作文のシート
「好きなスポーツはマラソン」という意見を展開する場合

①意見 私の好きなスポーツはマラソンである。

②理由 なぜなら、努力した分だけ結果が出やすい運動だからだ。

↓

③-1 意見に関係する客観的な事柄
2018年に日本で行われた調査で、ジョギング・ランニングをする人は推計964万人だった。

③-1 似たものと比べて肯定的な事実
サッカーや野球などと比べて、場所や時間を選ばず、個人で練習できる利点がある。

← 現況や歴史などのデータを入れる

↓

反論ができないなら、意見を変える

④「反対の意見」を想像
「きついし、一人で黙々と走るのでつまらない」と言う人がいるかもしれない。

→

⑥ 反論
しかし、「2回吸って2回吐く」など疲れにくい呼吸法もある。短い時間から始めれば、体の負担も軽くなる。また、好きな音楽を聞きながら走ると、孤独感を覚えずに済む。

↑ 反対意見に対応した具体的な話を記す

↓

⑤「反対の意見」を補強
確かに、慣れないうちは体がつらいだろう

↓

⑦ もう一度、意見を書く。①と少し違う言い方で。
これからも私は、自分のペースで楽しくマラソンを続けていこうと思う。

「みがく」で実際に使用している７ステップ作文シート

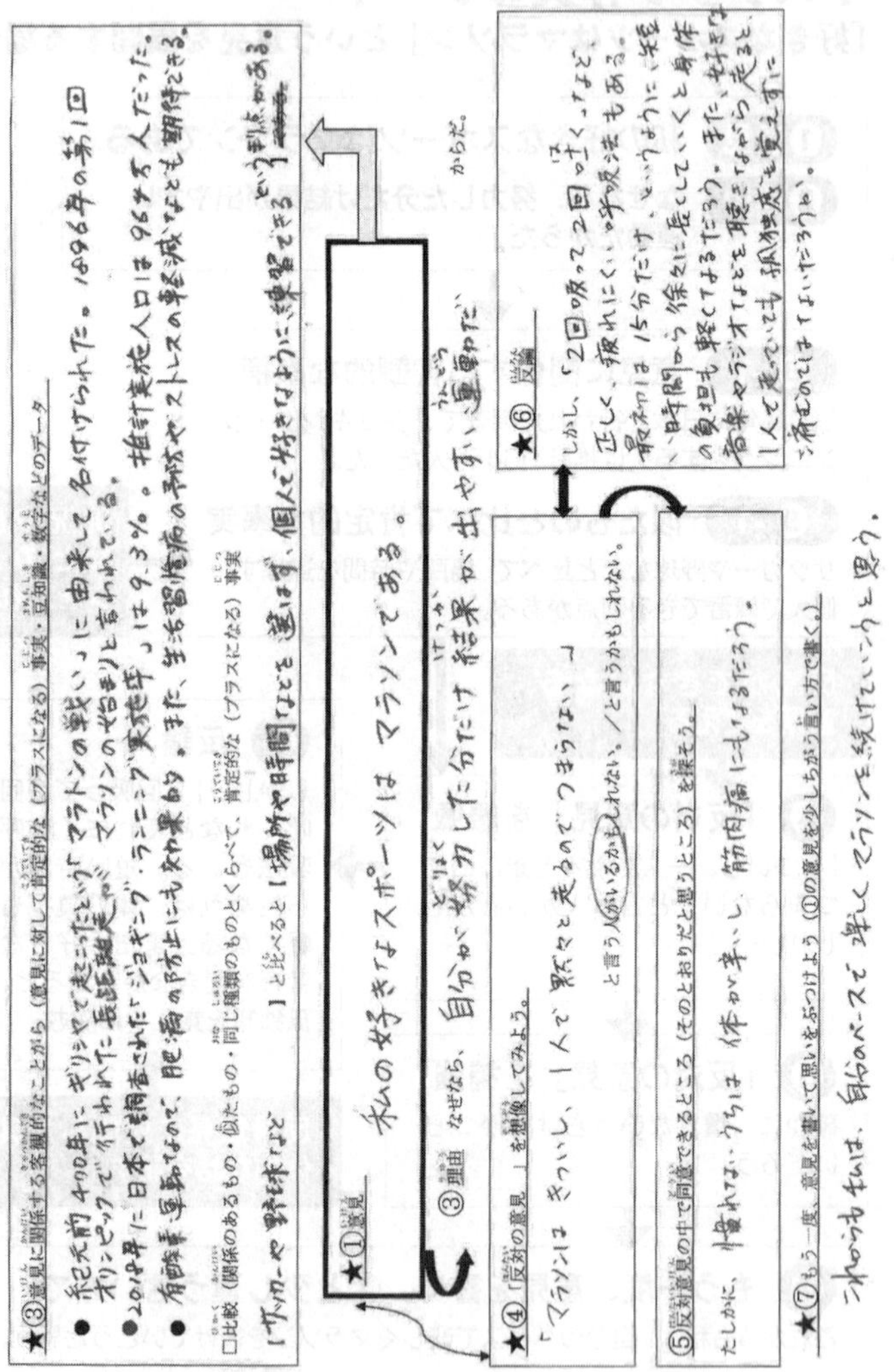
７ステップ作文シート　作文用紙に書くときには★で改行すること　氏名【 美学 花子 】

★③意見《いけん》に関係《かんけい》する客観的《きゃっかんてき》なことがら（意見に対して肯定的《こうていてき》な（プラスになる）事実《じじつ》・豆知識《まめちしき》・数字《すうじ》などのデータ

● 紀元前400年にギリシャで起こったという「マラトンの戦い」に由来して名付けられた。1896年の第1回オリンピックで行われた長距離走が マラソンの始まりと言われている。
● 2018年に日本で調査された「ジョギング・ランニング実施率」は9.3%。推計実施人口は964万人だった。
● 有酸素運動なので、肥満の防止にも効果的。また、生活習慣病の予防やストレスの軽減なども期待できる。

□比較《ひかく》（関係《かんけい》のあるもの・似《に》たもの・同《おな》じ種類《しゅるい》のものとくらべて、肯定的《こうていてき》な（プラスになる）事実《じじつ》

【サッカーや野球など 】と比べると【場所や時間などを選ばず、個人で好きなように練習できる】という利点がある。

★①意見《いけん》　私の好きなスポーツは マラソンである。

③理由《りゆう》　なぜなら、自分が努力《どりょく》した分だけ結果《けっか》が出やすい運動《うんどう》だ からだ。

★④「反対《はんたい》の意見 」を想像《そうぞう》してみよう。

「マラソンは きついし、1人で黙々と走るのでつまらない」

と言う人がいるかもしれない。／と言うかもしれない。

⑤反対意見《はんたいいけん》の中で同意《どうい》できるところ（そのとおりだと思うところ）を探《さが》そう。

たしかに、慣れないうちは 体が辛いし、筋肉痛にもなるだろう。

★⑥反論《はんろん》

しかし、「2回吸って2回吐《は》く」など、正しく、疲れにくい呼吸法もある。最初は15分だけ、というように、短い時間から徐々に長くしていくと身体の負担も軽くなるだろう。また、好きな音楽やラジオなどを聴きながら走ると、1人で走っていても孤独感を覚えずに済むのではないだろうか。

★⑦もう一度、意見を書いて思いをぶつけよう（①の意見を少しちがう言い方で書く。）

これからも私は、自分のペースで楽しくマラソンを続けていこうと思う。

「箱の中身はなんだろう」作文

作文嫌いな子、作文が苦手な子に、一体どうしたら楽しく取り組んでもらえるだろうかと試行錯誤して生み出したのがこの「箱の中身はなんだろう」作文です。

箱の中にあらかじめ何かを入れておき、さらにその箱を別の袋や箱に入れ、何重にもします（マトリョーシカのように）。生徒にその箱を見せて、中に何が入っているかを予想しながら作文を書いてもらうという流れです。

まずは、ノートや作文用紙に、

「先生が一つの箱を持ってきました。中に入っているものを予想するようにと言っています。」という文章を書いてもらってスタートします。

この作文では、

1．先生の言動

例　先生が箱を開けました。先生が……と言っています。など

2．箱（袋）の客観情報

例　材質・形・色・大きさ・表面の特徴・音・におい・触感など

3．主観（思ったこと・予想したこと・感じたこと）

例　中に〇〇が入っていると思います。／早く中身が知りたい。など

1～3について順番に書き進めてもらいます。箱を一つ開けるごとに、改行して段落を新しくしてもらってください。開けるたびに一つずつヒントを出して、中に何が入っているか予想してもらいます。

この作文では、「すらすらと楽しく作文を書くこと」を主な目的としていますが、

・客観・主観を区分けして文章を書くこと
・五感を使って対象を観察すること
・集中して話を聴くこと
・聴いた情報を頭の中で整理したり組み立てたりしながら仮説を立てること
・書くスピードを上げること

などの力を鍛えることができます。

実際に生徒が書いたものを原文のままご紹介しますね。小学4年生の作文です。

先生が一つの箱を持ってきました。中に入っているものを予想するようにと言っています。その箱は、たて25㎝、横42㎝、高さ18㎝の、四角い茶色のダンボールです。箱の上には「そっとはこんでください！」という文字が書かれています。ぼくは、中に入っているものはお菓子だと思います。とてもわくわくしてきました。

ガムテープをはがして箱を開けると、青と白のストライプ模様がある四角い箱が出てきました。今度は木箱で、最初の箱の半分ぐらいの大きさです。ふるとカラカラという音が聞こえます。先生が「食べ物ではありません」というヒントをくれました。ぼくは最初、おかしが入っていると予想しましたが、はずれたみたいです。音から考えて、中にはどんぐりなどの木の実が入っていると思います。

先生がさらに箱を開けると、中から出てきたのはピンクのビニールぶくろです。大きさはたて15㎝、よこ8㎝、あつさ1㎝で、ピンクのふくろには白いねこのイラストがかかれています。箱の中にはまだなにか入っています。コーヒー豆です。8つぶ入っていました。箱の中からはコーヒーのにおいがします。カラカラという音のしょうたいはコーヒー豆でした。先生がぼくたちを混らんさせようとしたのでしょう。「勉強に使うもの」という先生のヒントからすい理すると、中にはきっとメモ帳が入っているのだと思います。大きさから考えてもそんな感じがします。

ふくろを開けると、中からまたまたふくろが出てきました。今度は紙のふくろです。四角くて白と水色の水玉もようがついています。ふくろの上からさわると、中には長さ4cmの細長い何かが入っています。さわると固い感しょくがします。今度こそわかりました！中には短いペンが入っていると思います。この形からして、ペンにまちがいない。筆箱に入っているものという先生のヒントから考えても自信があります。いよいよ中からなにかが出てきます。ドキドキしてきました。

紙ぶくろをゆっくり開くと、中から出てきたのは「消しゴム」でした。スティック型のノック式消しゴムです。青と白のストライプもようで、表面には「ＭＯＮＯ」と書いてあります。

箱の中に入っていたものの正体は消しゴムでした。さわった感じでペンだと思ったけれど、なんと消しゴムだったのです！ふくろから出てきたとき、びっくりしすぎて、思わず「えっ！」と言ってしまいました。

予想は大はずれでしたが、とてもおもしろい作文でした。こんなにたくさん作文を書いたのは初めてです。そして、こんなに楽しい作文なら毎日書いてもいいなと思いました。

この作文では、「書くことがない」「書けない」と手が止まる子はまずいません。テンポよく、飽きさせずに進められるからだと思います。もちろんご家庭でも簡単にできますので、ぜひお試しください。

コラム

演繹と帰納　～ドキドキ…浮気調査編！

社会人になってから大学に入り直し、今も現役の大学院生である元教え子からメールが。「演繹法と帰納法についてわかりやすく教えて！」と、なんだか切羽詰まった様子です。かわいい生徒のために、次のような説明文を作成してみました。

とある三十代の夫婦がいました。
妻は最近、夫（Aさん）の様子が以前とはどうも違うことに気付きます。
妻はこう考えました。

□男というのは、生物学的に見ても浮気をする生き物だ。
□浮気をしている人は帰宅時間が遅くなりがちだ。
□浮気をしている人はスマホを肌身離さずに持ち歩くようになる。

↓

・うちの夫も男だ。

・最近、うちの夫の帰りも遅い
・仕事上、夫は平日に休みをもらっているが、夫婦で出掛けることが激減した。
・夫もトイレや風呂にまでスマホを持っていくようになった。

●推論→夫は浮気をしているのではないか。

どうか取り越し苦労であって欲しい。そう願いつつも疑惑を拭えず、妻はついに興信所に調査を依頼しました。ちなみに、「夫が浮気しているのではないか」という推論に至るまでの道筋が演繹的思考。つまり、ある一般的な前提に、個別の事象を紐付けて結論を導くというものです。この例においては、前提となっている一般論が正しいかどうかは横に置いておきますね。ここで言いたいのは、妻は演繹法（もどき）を用いて仮説を立てたということです。

さて、依頼を受けた興信所。こちらの調査員であるKさんは夫（Aさん）の調査に乗り出します。尾行すること1か月。依頼期間が過ぎたので、この妻に調査結果を郵送しました。その内容は…。

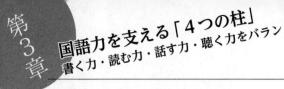

・9月1日 18時5分　勤め先である会社から出てくる。その足で同区内にあるパチンコ店Mに入店。その間、特定の女性との接触はなし。21時30分に店を出る。そのあと男性専用サウナ△△へ。サウナ、入浴後に店を出る。その間、特定の女性との接触はなし。23時10分帰宅。

・9月2日 11時8分　自宅を出て札幌市清田区××の書店Cへ。本を二冊購入した後、書店に併設しているドーナッショップで食事をしながら購入した本を読む。14時10分、市営地下鉄に乗り込み、△駅で降車。14時45分、勤め先であるB会社へ。五分後出てくる。手にはA4サイズの茶封筒。地下鉄に乗り、S駅で降車。駅前のローソンに寄って雑誌を立ち読み。ビールとスナック菓子を購入。退社後から帰宅まで、特定の女性との接触なし。19時10分帰宅。

・9月3日 18時20分　勤め先である会社から出てくる。札幌市中央区××のパチンコ店Jに入店。その間、特定の女性との接触無し。19時50分に店を出る。そのあと男性専用サウナ△△へ。サウナ、入浴後に店を出る。特定の女性との接触なし。23時00分帰宅。

（以下省略）

（調査結果）調査対象であるAさんは退社後、週に3回ほど会社の近くにあるパチンコ店に寄っている。パチンコ店に行った日は毎回、△△サウナ店で一時間半から二時間滞在した後に帰宅。1ヶ月にわたる調査の結果、退社後から帰宅までの間、特定の女性との接触は無かった。

Kさんによる調査報告は以上です。報告書はあくまでも事実だけを客観的に述べるもの。この1か月、実際に女性と会っていない＝浮気をしていない、とは必ずしも言い切れませんが、あとは調査書を読んだ妻がどう判断するかですね。

さて、ここからは調査員Kさんが趣味で立てた内緒の推論（仮説）です。

Aさんの帰宅が遅いのはパチンコ店とサウナに寄っていたから。これは一か月にわたる尾行によって明らかである。少なくともこの1か月間は女性の影もなかった。

次に、スマホへの執着と、休日に夫婦で出掛けなくなった理由を考えてみよう。

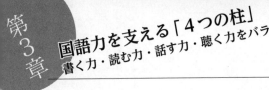

・書店で株式関連の書籍を二冊購入していた。
・ドーナッショップで、購入した株式の本を約二時間読んでいた。
・通勤時の地下鉄で、ネット証券会社Ｓのサイトを乗車中ずっと見ていた。
・地下鉄乗車中や喫茶店などの飲食店にて、スマホのネット証券サイトに文字や数字を入力していた。
・妻からもらったＡさんの行動情報には、株式を売買していることは書かれていない。

●推論（仮説）…Ａさんは株式に興味がある、またはネット株を実際に行っているが、それを妻には内緒にしている。スマホを持ち歩くのは、万が一でも妻に見られて問い詰められるのを防ぐためか。休みの日（平日）には株トレードや勉強に終始しているので、夫婦で外出する時間が減ったのではないか。

このＫさんの論理が帰納法。具体的な事象を積み上げて、そこから結論を導き出す手法です。とは言え、Ｋさんの推論が事実であるかどうかは定かではありません。もっと長期間にわたって調査をしたり、Ａさんをよく知る人に聞き込みをしたりすると、精度の高い推論を構築することができます。

う〜ん。浮気調査を例に出して「演繹」「帰納」を説明するのは、彼女にはちょっと早かったかな（笑）。

2 「聴く力」と「話す力」~会話を成り立たせる二つの力

聴くのは意外と難しい

コミュニケーション力の最前線は「聴く力」

人間は他者との関わりなしでは生きていけません。家族・学校・会社・町内会…。これら組織の一員として、私たちは他人と「コミュニケーション」を図りながら日々過ごしています。

コミュニケーションとは、人間関係を円滑に行なうための手段です。他人とのコミュニケーションがうまく図れないと、精神的なストレスを感じる要因となります。実際、現代人が抱えているストレスの大半が、「人間関係によるトラブル」であるという事実が調査によって明らかになっています。そんな対人関係によるストレスを回避するためにも、私たちはコミュニケーション能力を磨く必要があるのです。

コミュニケーションツールの代表的なものは言語です。言語は「読む」「聞く」といった受信型言語と、「書く」「話す」といった発信型言語の4つに分けられます。コミュニケーションを図る上で特に必要なのは「聞く力」と「話す力」です。コミュニケーションの主たる手段としての会話は、話すことと聞くことが中心だからです。日本の国語教育は、上記4つの中の「読む」「書く」の2要素に重点を置いてきました。しかし、「読む」「聞く」「書く」「話す」は4点セット。どれか一つの力でも大きく不足していると真の国語力はなかなか身に付きません。「私たちは日本人なのだから聞くことも話すこともできて当然でしょ?」という認識は間違いです。「聞く力」も「話す力」もしっかりとしたトレーニングを積まなければ習得できないのです。

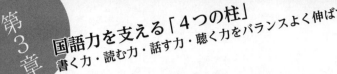

不登校の少女との出会い

私はこれまで予備校講師や塾講師のほかに、長年、家庭教師を務めてきました。その教え子の中に不登校の女の子がいました。当時、彼女は高校2年生。中学3年の時に学校に行けなくなったのでした。

不登校と言っても、一般的な高校生と見た目や雰囲気は変わりません。流行りのスイーツやファッション、そして、アイドルが大好きな、ごく普通の女子高生に思えました。しかし、私達の間に信頼関係が生まれてきた頃から、彼女が大きな不安やストレスを感じていることに気づき始めたのです。感情の起伏が激しく、明るく笑っていたかと思えば、次の瞬間、「生きていても何も良いことなんてない。」などと厭世的な言葉を口にします。気分の良い時には、「先生、一緒に買い物に付き合って。」「パンケーキを食べに行こう！」などと、誘ってくれるのですが、実際に日時を決めて会う約束をすると、当日になって、「昨日から体調が優れないからやっぱり行けない…。」という連絡が。毎回その繰り返しでした。心情的にいつも余裕がないので、気持ちを切り替えることがなかなかできない感じなのです。力を抜いて周りをゆっくり見渡せば見えてくるものがあるのに、どこか一杯一杯なのですよね。

きっと彼女だけではありません。この世の中、「一杯一杯」の人だらけなのだと思います。一杯一杯の人の心は、洗面器に水がたぷたぷと入っているのに似ています。その洗面器に入っているのは、不満・不安・悲しみ・苦しみ・妬み・焦り・怒り・疎外感・孤独感…など、様々なマイナス感情であり、いつ溢れ出るか一触即発の状態です。

では、一体どうしたらその洗面器に入っている水を減らすことができるのでしょうか。もちろん、全ての水を無くすのは不可能です。そもそもゼロにする必要はありません。人間たるもの、マイナス感情もあって然るべきだからです。ただし、あまりに多すぎると心にも体にも支障が出てくるので、水は少しでも減らすように努めなくてはなりません。

マイナス感情を減らす方法の一つ。それは、「話を聴いてあげる」ことです。ただただ静かに、親身になって話に耳を傾けることです。たまに質問をしたり、うんうんと相槌を打ったりしながら、その人にたくさん話をさせるのです。不満も不安も全て聴いてあげると、相手の心の洗面器の水がどんどん少なくなってきます。マイナス感情も減っていきます。そして無くなった分、相手の心には「余裕」が生まれます。

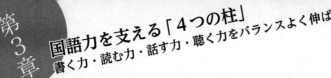

私が不登校の彼女に勉強を教えていた時、あまりに思考が後ろ向きで「これは勉強どころではないな」と判断した際には指導を諦めて、彼女の話を聴いていました。とことん話をさせて、マイナス感情を全て吐き出させようと心掛けたのです。話し終えてすっきりした表情になったところで学習を再開させたものでした。

心に寄り添って…などとよく言われますが、実際に相手の心に寄り添うのは難しいことです。心というものは当の本人しかわからないからです。いいえ、当の本人にさえわからないこともあります。だからこそ話をさせるのです。発する言葉が全て真実とは限りませんが、それでも本人が語る言葉にはその「心」が見え隠れします。思っていることを全て話したら、自身の考えが以前より整理されることもあります。そして何よりも、心の洗面器にたっぷり入っていた水が確実に少なくなるはず。そう信じて私は彼女の話をひたすら聴きました。最初はなかなか話してくれずに苦戦しましたが、年月を費やして、焦らずじっくりと向き合ったのです。

その後、通っていた高校を退学し、他の高校に編入するなどの紆余曲折を経て、彼女は現役で難関大学に合格しました。国語の偏差値48からの逆転ホームランです。最後の授業でもらった手紙には、「先生、いつも私の話を聞いてくれてありがとうございました。こんな弱い私を見捨てないでくれてありがとうございました。」と綴られていました。

こうして「聴く力」の大切さを改めて痛感した私は、現在でも生徒たちにそれを伝え、指導し続けています。

「聴き上手」は「愛され上手」

しっかりと「聴く」という力は、一生モノの財産になります。

「話す」や「書く」は発信型言語、「聴く」や「読む」は受信型言語と前述しました。しかし、誤解して欲しくないのは、受信と「受け身」は違うということです。人の話を右の耳から左の耳に聞き流す…という聞き方は確かに「受け身的」な行為でしょう。しかし、私が生徒たちに教えていきたいのはそのような聞き方ではありません。

●集中して聴く
●話の要点を考えながら聴く
●話の意図を汲みながら聴く
●相手の立場になって聴く
●主観をなるべく入れずに聴く
●相手が話しやすい聴き方をする

これらの聴き方は、決して「受け身的」ではありません。「積極的に相手の話を聴こう！」というのは、むしろ「能動的」な行為なのです。

私は「聴く力」のある人は最強だと思っています。極論だと思われるかもしれませんが、聴く力があれば、勉強も対人関係も心配無用だとすら思います。

「聴き上手」な人は集中力や落ち着きがあり、論理的で思慮深く、思いやりがあり、人に信頼され、愛される人です。…ほら、最強ですよね（笑）。

あなたの聴く力のレベルは？

聴く力は主に4段階に分けることができます。

□**レベル1**

情報をありのまま、正確に聞き取ることができる。

相手が話したことを鸚鵡返しできる力。

□**レベル2**

話の要旨を理解しながら聴くことができる。

「つまり何が言いたいのか?」「何がどうなのか」を論理的に組み立て、相手の話の内容の要旨を理解できる力。

□**レベル3**

話し手の意図を察知しながら聴くことができる。

「相手はなぜ自分にこの話をするのだろう?」などと、話し手の意図を察知しながら聴ける力。

□**レベル4**

話し手の本音を引き出し、話し手に好感の持たれるような聴き方ができる。

「あなたと話をすると楽しい！」「あなたともっと話したい！」と思われるような聴き方。

レベル4までいくと、文句なしの「聴き上手」ですね。聴き上手は人から愛され、相手にも信頼感を与えます。繰り返しになりますが、聴く力は時間と労力を割いてでも、生涯磨き続けていく価値のあるものだと私は考えています。

聴く力を鍛えよう

聴く力トレーニング

さて、「聴く力」をアップさせるためのポイントはいくつかありますが、今日はそのうちの一つをご紹介します。

まずは基本的なことのおさらいです。あなたの「聴く態度」は大丈夫ですか。

★ 聴くときの態度

□ 話をしている人のほうに体をしっかり向けて聴いている
□ 話している人の目元を見ながら聴いている
□ たまにうなずいたり、あいづちをうったりしながら聴いている
□ やさしい表情・穏やかな表情で聴いている
□ 大事な話はメモを取りながら聴いている

★しっかり聴き取るために必要なこと

□ 聴いている間はほかのことを考えないで、話に集中すること
□ 話の途中で口をはさまないこと
何か言いたくても相手の話が終わるまでじっと我慢！
□ 相手が「何について話しているのか」を考えながら聴くこと
□ 話の内容を想像しながら聴くこと
□ 話している内容が「事実（客観）」なのか、
それとも「話している人の意見や感想（主観）」なのかを区別しながら聴くこと

「みがく」の聴き方トレーニングでは、最初に敢えて「悪い聞き方」を実践してもらっています。具体的には、

・相手のほうを見ない
・別のことをしながら聞く
・あいづちを打たない
・話の途中に口を出す

などです。こんな聞き方をされて嬉しい人はいませんよね。話していても空しい気分になるだけだということを、身をもって体験して欲しいのです。そうすれば、自分も普段そんな聴き方をしているのではないかと振り返るきっかけにもなります。その後は、事前に頭に入れた良い聴き方を実践しながら相手の話に耳を傾けます。両者を比較し、態度一つでこんなにも違うものなのかということを体得してもらっています。

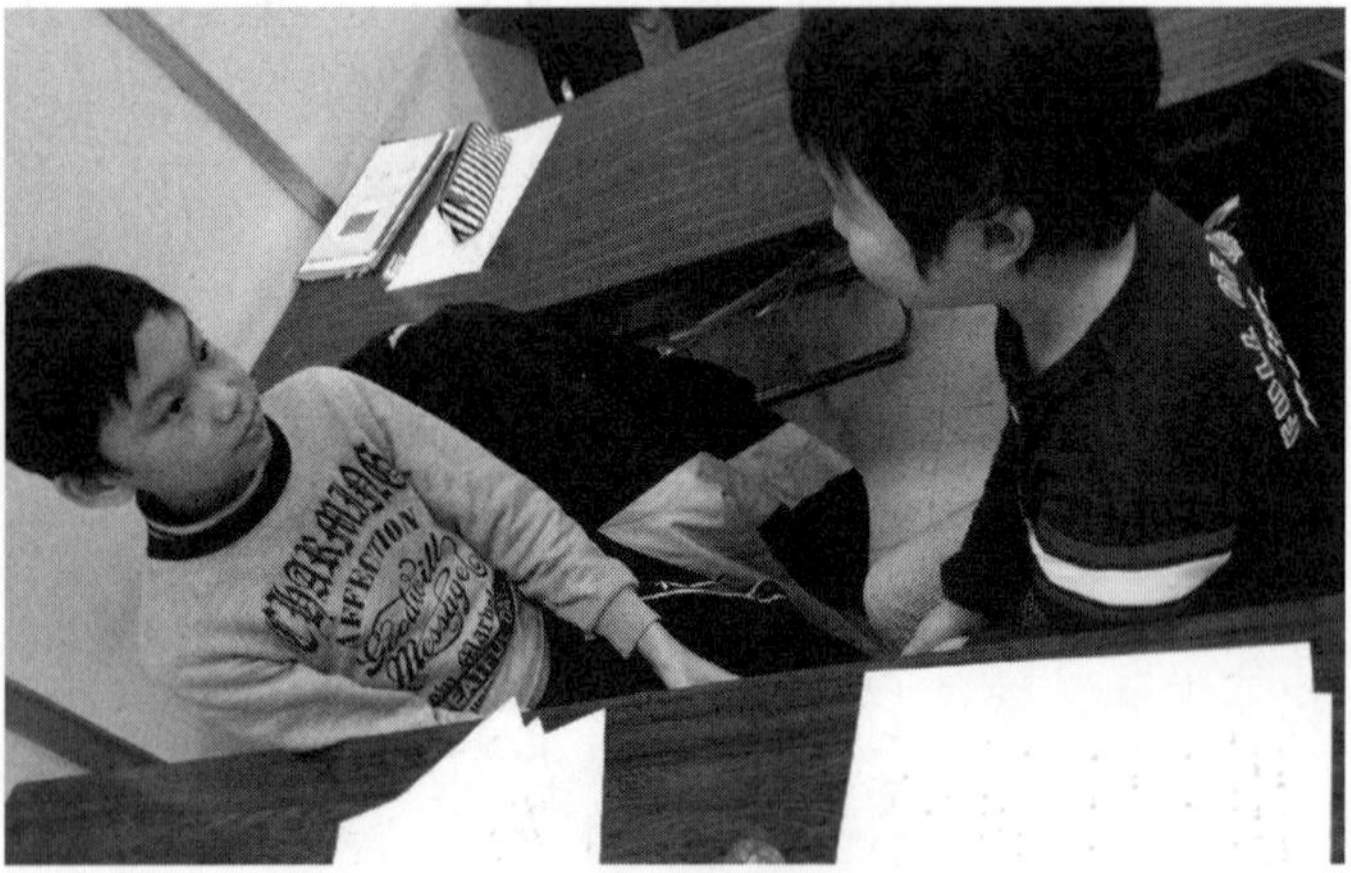

聴く力アップトレーニングの様子

「事実」と「意見」を区別して聴く

1「書く力」でも触れましたが、聴いたり話したりする際にも、「客観」「主観」の概念を意識してください。話を聴きながら、その話の内容を、

「事実を言っている部分（客観）」と
「話し手の意見や感想を言っている部分（主観）」

に大別します。どの部分が事実で、どこからが話し手の主観なのかを区別して聴くと、話の内容が整理されるので正しく聴き取ることができるのです。

例えば、友人のAさんが次のように言ったとします。

「昨日ね、吉本のお笑いライブに行ってきたの。すごく盛り上がったよ～。熱気で暑かったのか、会場の暖房の設定が変だったのか、異常に暑かったわ。あ、札幌ドームだったんだけどね。…いや～、楽しかった！来年の6月、また札幌で吉本のお笑いライブのライブがあるから、今度は一緒に行かない？」

Aさんの話の内容を「事実」と「意見・感想（主観）」に分けてみますね。

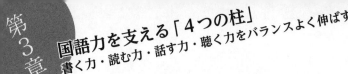

☆事実

・昨日、札幌ドームで吉本のお笑いライブが開催された。
・Aさんはそのライブに行った。
・来年の6月に札幌で吉本のお笑いライブが予定されている。

☆Aさんの意見・感想（主観）

・吉本のお笑いライブはすごく盛り上がった。
・会場が異常に暑かった。
・ライブは楽しかった。
・来年のライブに行かないかとあなたを誘っている。

上記をなるべく正確に押さえることがポイントです。

これを正確に把握しないと、内容の理解が不十分なのに加えて、第三者に間違えた情報を伝えかねません。例えばこんなふうに…。

「昨日、吉本のお笑いライブが札幌ドームであったんだって。盛り上がったらしいけど、会場の暖房の設定がおかしくて、すごく暑かったんだって。」

「暖房の設定がおかしかった」のかどうかは事実ではありませんよね。話し手のAさん自身も、暑かった理由がよくわかっていないようでした。それなのに、それを「事実」として受けとめ、第三者に伝えてしまっています。

実はこういうことが日常生活でよく起こり得ます。話を聴く時には事実と主観を区別して聴く。それをなるべく意識してみてください。

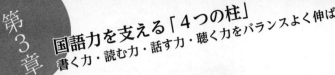

わかりやすく話すために

「話す力」って何だろう

「話す力」も国語力の主軸です。そして、この「話す力」は学生の時よりも社会に出てからその真価が問われます。人前で話すと緊張してしまうといった、その人の性格やメンタルも大きく影響しますが、本書では、国語の力の一翼を担う「話す力」に焦点を当てていきたいと思います。

私が普段、「話す力」を伸ばす指導の中心に据えているのは、「会話力」と「スピーチ力」です。どちらにしても、話し手は聞き手の反応を無視できません。表情や雰囲気、質問などの内容から、自分の話が相手に伝わっているかどうかを判断する必要があります。特に会話では、互いに話題を受け取り合いながら話を継いでいくので、「聴く力」も要求されます。会話の途中で相手に説明を求められたとして、話の内容や主旨を理解できていなければ、とんちんかんな受け答えをしてしまう恐れがありますよね。「何を言っているのだ。私はそんなことを聞いていない。」と怒り出す人もいるかもしれません。また、幼児に対して、大人に接するような物言いをしても伝わらないように、相手によって話す内容や表現を変える必要があるでしょう。どんなに立派なことを話しても相手に伝わらないのであれば、上手い話し手とは言えません。

・簡潔にわかりやすく話すための技術
・相手への配慮・気遣い
・話をしっかりと聴く姿勢

これら全てが、「話す力」アップに欠かせない要素なのです。

話す力＝会話力

「話す力」を身に付けるためには「会話力」を磨く必要があります。これは、鏡の前で一人きりで練習する類のものではなく、日常会話やグループワークなどで少しずつ鍛えていくべき力です。とは言え、友達同士の会話では、気の合う人や仲の良い人など、決まった人ばかりを相手にしがちです。類は友を呼ぶではありませんが、いつも自分と同じ会話レベルの人と話をしても、大きな成長は期待できません。一方、世代の異なる構成員で成り立っている家族間では、取り組み方次第でお子さんの会話力を伸ばしていけます。家庭は最も身近で、最も優れた教室。子どもの話す力に大きな影響を与えるのが、「家庭における会話の質」なのです。

話し方トレーニング

上手に話すコツ

人との会話で特に気を付けることは大きく2点あります。

●なるべく正確に、わかりやすく話す
●なるべく相手の気持ちを害さないよう、誠意を持って話す

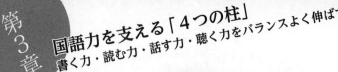

いつでもどんな場面でも上手い話し方ができる人などいません。「毎回、上手に話さなくてはいけない」と考えながら人と会話するのは窮屈な上、プレッシャーからむしろ言葉が出てこなくなる恐れもあります。「絶対」ではなく、「なるべく」という意識で臨むほうが丁度良いかと思います。

【なるべく正確に、わかりやすく話す】
・結論までの話を長くし過ぎないこと
・筋道を立てて話すこと
・客観と主観を意識して分けながら話すこと
・必要な客観情報（5W1H）を挙げること
・現在のことか、過去のことか、未来のことか、話題の「時間軸」を明示すること
・具体例を挙げながら説明すること
・大事な話は、話の最後に主旨をまとめること
・一つの話題があちこち飛ばないように注意すること

【なるべく相手の気持ちを害さないよう、誠意を持って話す】

・悪口や批判は避けること
・「プラスの言葉」を意識的に使うこと
・相手の表情や態度など、反応を見ながら話すこと
・早口でまくし立てたり、延々と話したりしないこと
・話の途中で質問したり、確認したりして相手の理解を助けてあげること

家庭で育てる会話力

「会話力」は、ご家庭での日常会話で養うことができます。次に挙げるのは、「国語力としての会話」を向上させるためのトレーニングです。とは言え、最も大切なのは、心の通った会話。技術ではなくハートです。それを忘れずに、楽しみながらご家族でも取り組んでみてくださいね。

●一会話・一話題

会話では一つの話題（中心論点）だけを話すようにします。完結したら次の話題へと移しましょう。いつも話があちこちに飛びながら、とりとめなく話をしている…という方は、注意してみてください。

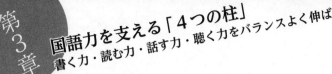

●ブーメラン話法

最初に話した話題に話の最後でもう一度触れる、というものです。具体例を挙げてみますね。

母「お母さんね、今日のお昼に札幌駅の近くにできたラーメン屋さんに行ってきたの。塩ラーメンを食べたんだけど、あっさり味で美味しかったよ。」
子「え～！お母さんずるい！自分だけラーメン食べてさ。僕なんて今日も給食だよ。」
母「給食のメニュー、今日は何だったの？」
子「え～とね、五目御飯と魚のフライ、あとは…サラダ。」
母「美味しそうだね。ヘルシーだし。お母さんも給食が食べたいわ。」
子「う～ん、好きな物の時はいいけどさ、魚は要らないよ…。」
母「それでも好き嫌いなく食べるんだよ。…それにしても、あのラーメン屋さんは美味しかったな。休みの日にでもみんなで食べに行こうか。」

この会話の場合、お母さんが最初に話題として出した「ラーメン屋」について、もう一度最後に触れて話をまとめています。

ブーメラン話法を心掛けると、話が横道に逸れて聞き手が話題を見失ったとしても、最後にまた冒頭の件を取り上げることによって話題を印象に残すことができます。また、話し手も聴き手も、会話の主題（テーマ）を意識できるようになるのも利点の一つです。

●NO‼「会話泥棒」

相手が話している間は、どんな理由があろうとも途中で口を挟まないことです。特に相手が子どもだと、じれったくなって途中で「それは…ことでしょ？」と代弁してしまうことがあります。実はそれも子どもの国語力を阻む行為です。それを繰り返していると、最後まで自分で説明することができない子どもになってしまいます。また、「話を聴いてほしい」という思いや欲求が満たされず、相手に対して不信感や不満を抱きかねません。私の経験則として、「お母さんが話し上手（饒舌）だと、子どもは逆に口下手になる」傾向が多々見られます。思い当たる方はどうぞご注意を！

●「主語」を入れて話す

毎回ではなくて結構です。いちいち「私は」「僕は」と付けて話すと堅苦しい日本語に聞こえるからです。しかし、話題に登場人物が複数出てくる場合には意識して主語を入れるようにしましょう。そうしないと、聞き手はいちいち、「…えっ？誰が？」と質問する羽目になります。お母さんがお子さんの話を聴く時にも少し意識してください。流れを汲んで話を理解してあげることばかりが愛情ではありません。その機転や理解力がお子さんの国語力にとっては仇となることさえあります。「主語を抜かして話しても、理解してもらえるんだ」と甘い認識をしてしまうと、「主語抜き話」が癖になってしまうので要注意です。話の腰を折らず最後まで話を聴いたら、あまりしつこくならない程度に、「誰が？主語が無かったよ。」と指摘してあげましょう。

思い出した時で構わないので、それを根気強く繰り返すことです。

一問一答トレーニング

ご自宅で取り組める「会話トレーニング」をご紹介します。

お子さんと会話のキャッチボールがうまくできない、聞いたことに対して的確な答えが返ってこないとお困りの方はもちろん、国語のテストなどでも、

・設問をよく読んでいない

・設問を正確に読めていない

・質問と答えが合っていない
・「答え方」の基本が頭に入っていない
などの悩みを抱えているお子さんにもお勧めです。

やり方はとてもシンプル。お母さんが一問だけ問題を出し、お子さんがそれに答えるというものです。最初は単純な問題にしましょう。例えば、
●今日は何曜日ですか？
●あなたは何人兄弟ですか？
など。

お子さんには、
●月曜日です。
●二人兄弟です。
などといったように、「〇〇です。」と答えてもらいます。その時、余計な言葉を言わせないようにするのがポイントです。「えーとね…」とか「二人兄弟だったかな？」なども×。型式通り、聞いたことだけをすっきりと答えてもらいましょう。

慣れてきたら、少しずつ質問を複雑にします。

●今日は月曜日ですが、2日後は何曜日でしょうか。
●あなたの1番好きな友達は誰ですか?
●あなたは昨日、どこに買い物に行きましたか?

問題については、「いつ」「どこで」「誰が」といった内容を中心に聞いていきます。しっかり質問を聴いてもらうために、「いい?一度しか問題を言わないからしっかり聴いてね!」と念を押し、実際に一回で聞き取らせるようにします。

さらにレベルを上げて、

①あなたの好きな季節は何ですか?また、その理由も答えてください。
②あなたが好きな教科は何ですか。また、その教科に関して、最近学校でどんな勉強をしましたか?
③あなたの好きな運動は何ですか。また、その運動のどういうところが好きなのですか。

など と、「理由や説明」を求める問題に移行していきましょう。

先程の質問に対する答え方の例としてはこんな感じです。
①秋です。暑くも寒くもなくて過ごしやすい季節だからです。
②国語です。昨日、接続詞について勉強をしました。
③とび箱です。ふみきりが成功すると高く飛べるところです。

理由を聞かれた時の答えは「～からです。」

「どういうことですか?」と聞かれたら「～ことです。」

「どんなところですか?」と聞かれたときは「～ところです。」

などと、質問と答えの末尾を対応させるように教えてくださいね。


この「一問一答トレーニング」はどんな場所でも気軽に取り組めます。一度にたくさんではなく、一日1～2問ずつなど、細く長く続けるほうが効果的です。車の中や散歩中など、クイズ感覚で楽しく取り組んでみてください。そうすると徐々に、

★質問に対する答えのピントが合ってくる
★答えの型式が理解できる
★簡潔かつ的確に答える癖がつく
★語彙力がアップする
★集中力が身に付く
★聴く力が上がる

などなど、様々な国語力が磨かれますよ。

人前で話す練習をしよう

さて、次にご紹介するのは、「みがく」で実践している「話す力」トレーニングです。

一対一の会話トレーニングとはまた異なる学習であり、どちらかと言うとスピーチ力や質問力を鍛えるためのものです。

「ドラえもん」スピーチ

国民的アニメである「ドラえもん」。その秘密道具の中から一つだけ選んで、どうしてその道具を選んだのか、もしも手に入れたらどう使いたいかなど、数名の前で発表します。いきなり話し始めると支離滅裂になる恐れがあるので、まずはメモ作りから始めていきます。

【スピーチメモ】
①選んだ道具名…例「私が選んだのは『タケコプター』です。」
②どんな道具か…例「空を飛ぶことができる道具です。」
③どうやって使うのか…知らない人にもわかるように詳しく説明
④この道具のどんなところが便利か…この道具の魅力を熱く語る
⑤この道具の欠点（良くないところ）とそれに対する対処法
⑥もしもこの道具をドラえもんに借りたとしたら、どんなふうに使いたいか

メモをまとめたら、数人の前で発表していきます。聴いている人の顔を時折見ながら、聴きやすい声でゆっくり話すようにします。メモの①から⑥までを淡々と読むのではなく、

話の山場（最も強く伝えたいこと。この場合は④）を意識することが大切です。その部分がどうしたら相手にしっかりと伝わるか、心に響くか、考えてもらいましょう。

「君もインタビューアー」

記者になった気分で、家族や友達にインタビューをするという学習です。事前に次の点を確認してもらってから始めます。

【インタビューするときのルール】
① 相手の目を見ながら質問をすること
② 聞きやすい声で、ゆっくりと話すこと
③ 途中で話の腰を折らないように、話は最後まで聞くこと
④ 聞き取れなかったところや、話の内容がわからなかったところは、相手の話が終わってから質問すること
⑤ 大事なところは短いメモをとりながら聴くこと
⑥ 常に相手の気持ちを考え、「インタビューを受けてくれてありがとうございます」という感謝の念をもって接すること

インタビューする内容は自由です。「みがく」では指導する際、「インタビューシート」

を作成し、そこに何を聞くかを書いてもらってから始めさせています。シートには回答欄も用意していますが、聞きながらそこに記入しようとすると、慌てて書くために文字が乱れてしまいます。まずはメモ紙に相手の回答をメモしてから、大事なところをシートの回答欄にまとめ書きするよう指示しています。ルールを頭に入れ、質問内容が決まったらインタビューを開始していきます。

【インタビューの流れ】

① 「こんにちは。」「よろしくお願いします。」などのあいさつ
② 自分の学校名と学年、名前を言う
③ 今回はどんなことをインタビューしたいか簡単に説明する
④ 相手のことを思いやりながら、インタビューをする
⑤ 終わったら「ありがとうございました」とお礼を言う

第3章

国語力を支える「4つの柱」
書く力・読む力・話す力・聴く力をバランスよく伸ばす

コラム

親愛なるＩくんへ

学習塾で講師をしていた頃の話です。

ある年の冬の初めにＩくんは入塾してきました。

ひょろりと痩せていて、どこか青白い顔で。

それでいて、瞳に強い輝きを持つ少年でした。

「この子、もっと勉強したいっていうの。お願いね。」

きつい香水の匂いを漂わせた母親は、入塾届けを書き終わるとすぐに帰って行きました。

Ｉくんは向上心が強い子でした。

新しいことを学ぶのが楽しくて仕方がないといった感じで、スポンジが水を吸うようにどんどん知識を吸収していきました。

「坂本先生。僕ね、明日学校で分数を勉強するんだよ。楽しみだなあ。ドキドキしちゃうよ。」

目をキラキラと輝かせながらそう話していた姿が今でも目に焼き付いています。

「ドキドキする」

それはIくんの口癖の一つでした。

Iくんは新しい知識を自分の中に学び入れるとき、「ドキドキする！」という言葉をよく使っていたのです。

問題を解いている時の彼は人並み外れた集中力でした。

時折、息をするのも忘れるのか、解き終わった後に「ふぅ〜。」と大きく息を吐くのがいつものスタイルでした。

Iくんの家は母子家庭です。

お母さんの仕事がいつも長続きしないため、家計は相当苦しかったようです。

また、Iくんは3人兄弟の長男で、塾の日以外は毎日、弟達の面倒を見ていました。

掃除や洗濯も彼の仕事でした。

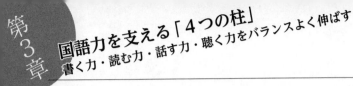

こんなエピソードがあります。

バレンタインデーにお母さんからチョコを貰ったと嬉しそうに報告に来たIくん。

「よかったね。お母さん、Iくんのこと大好きなんだね。」

私がそうからかうと、Iくんは臆面なく
「僕もお母さん大好き！」

そう言ってニコッと笑いました。

そして、小さな板チョコを、先生方みんなにお裾分けしてくれたのです。

話しぶりから、久々のお菓子だったと思われるチョコレート。

それを惜し気もなく人に分け与えることのできるIくんは、誰よりも心が豊かな人間だったのだと思います。


この子の好奇心や探求心を伸ばす手助けをしたい。

そして、私自身もこの子に学ばせてもらいたい。

当時はまだ二十代前半だった私は、心の底からそう思いました。


ところが…。

ある日、思いもよらない悲しい出来事がIくんの身にふりかかるのです。

Iくんが入塾してから4ヶ月経ったある日のこと。夕方、近所のパチンコ店の前で私はIくんのお母さんを見かけました。

高そうなスーツ。ブランドのバッグ。くわえタバコ。お母さんは、一緒にいた男性と親しげに腕を組みながらパチンコ店に入って行きました。

その1週間後、そのお母さんがIくんと一緒に塾にやって来て、こう言い放ったのです。

「塾代ってまけてもらえない？……ふ～ん。じゃあ今日でやめさせるわ。」

あとで塾長に聞いたところによると、Iくんの母親は4ヶ月間授業料を滞納していたそうです。

最後のその日、Iくんは教材を50枚近く解きました。夕方17時に塾に来て、21時までただひたすら問題を解いていました。何かに取り憑かれたかのように黙々と鉛筆を動かすIくんに、鬼気迫るものを感じました。

あまりにIくんの帰りが遅いのを不審に思った母親が、彼を迎えに来ました。
「あんた、こんな遅くまで、まだやってんの?!いいかげんもう帰るよ!」
呆れたようにそう言って、Iくんを連れて帰ろうとしました。その時です。
「い、や、だ!」Iくんが悲鳴にも似た声で叫びました。温厚でいつもニコニコしている
Iくんからは想像できないほどの大きな声でした。
「いやだ!僕はまだ勉強がしたいんだ!」そう搾り出すような声で言うと、Iくんはまた
問題を解き始めます。涙をいっぱいに溜めながら必死で問題を解くIくんの姿を見てい
ると、私は胸が押しつぶされそうに苦しくなりました。そして仕事中にも関わらず、涙が
次から次へと溢れてきました。

…塾代が払えない?高そうなスーツを買うお金があるのに?
そのシャネルのスーツ、この間着ていたのと違うものだよね?
バッグもそれブランド物だよね?
タバコは買うお金あるんでしょ?パチンコで遊ぶお金はあるんでしょ?
Iくんが弟たちの面倒を見ている間、あなたは仕事もせずにふらふらと何しているの?
Iくんは勉強が大好きなんだよ?Iくんのたった一つの願いすらどうして聞いてあげ

られないの？

お母さんが大好き。そう言っていたＩくんのこと、どうしてわかってあげないの？

あなた、それでも母親なの？


それら罵りの言葉たちが口から衝いて出ないように、必死で自分を制していました。


Ｉくんが塾を去ったその日の深夜のことです。Ｉくんのアパートが火事になりました。

出火元はＩくんの住んでいた部屋の居間。タバコの火がカーテンに燃え移ったそうです。

幸い、その火事で負傷者はいませんでした。

「Ｉが遊んでいて火をつけた」

Ｉくんのいたずらが出火原因だと、母親は警察に主張したとのことです。本当にＩくんが火をつけたのか、それとも母親の苦しい言い逃れなのか、真相は誰にもわかりません。

Ｉくんのアパートの消火活動は明け方まで続いたそうです。近所で火事を見ていた塾生の母親が後日教えてくれました。

「消火活動の時、Ｉくん、燃えているアパートじゃなくて、隣の家の桜の木をずっと見上げていたんだよ、魂が抜けたみたいにぼーっと。よっぽどショックだったんだねえ。」

私はその光景を見ていません。でもその時のIくんの姿がまざまざと目に浮かびます。隣の家に咲いていた鮮やかな桜の花。消防車と外灯の明かりに照らされて、きっと幻想的な美しさだったのでしょう。Iくんのことです。ショックを受けていたのではなく、純粋に、その桜の美しさに魅入られていたのではないかと思います。単なる想像ですが、私はそう確信しています。

一週間後、家を失ったIくん一家は本州の親戚の家に引っ越して行きました。Iくんとの出会いは本当に衝撃的なものでした。私の人生に大きく影響を与えてくれた少年でもありました。

親愛なるIくん。
お元気ですか？
新しい問題を解くとき、今でもドキドキしますか？
警察官になる夢はまだ変わっていませんか？

Ｉくんのように、好奇心や夢がいっぱいの子どもが世の中に溢れるように。
それを大人や環境が邪魔しないで済むように。
坂本先生も頑張るよ。

毎年、桜の咲く季節に思い出す少年へ。
チクリとした胸の痛みと、決して色褪せてはならない決意を添えて。

3. 「読む力」〜読まないと読めない！

読書で国語力の底上げを

読み聞かせで心と国語力を育てる

文部科学省が毎年実施している「全国学力・学習状況調査」。その分析結果においても、「読み聞かせ」の効果が注目されています。平成25年度には保護者のアンケートによる調査も併せて実施され、その一つとして、「子どもが小さいころ、絵本の読み聞かせをしたか」という調査項目がありました。①「あてはまる」②「どちらかといえば、あてはまる」③「どちらかといえば、あてはまらない」④「あてはまらない」の4つの選択肢から回答を得て、この結果を、読み聞かせ積極群（①「あてはまる」・②「どちらかといえば、あてはまる」）と読み聞かせ消極群（③「どちらかといえば、あてはまらない」・④「あてはまらない」）に大別。これを各グループに属する児童・生徒の国語と算数のテストにおける正答率と照らし合せてみました（上図は小学生、下図は中学生の平均正答率）。

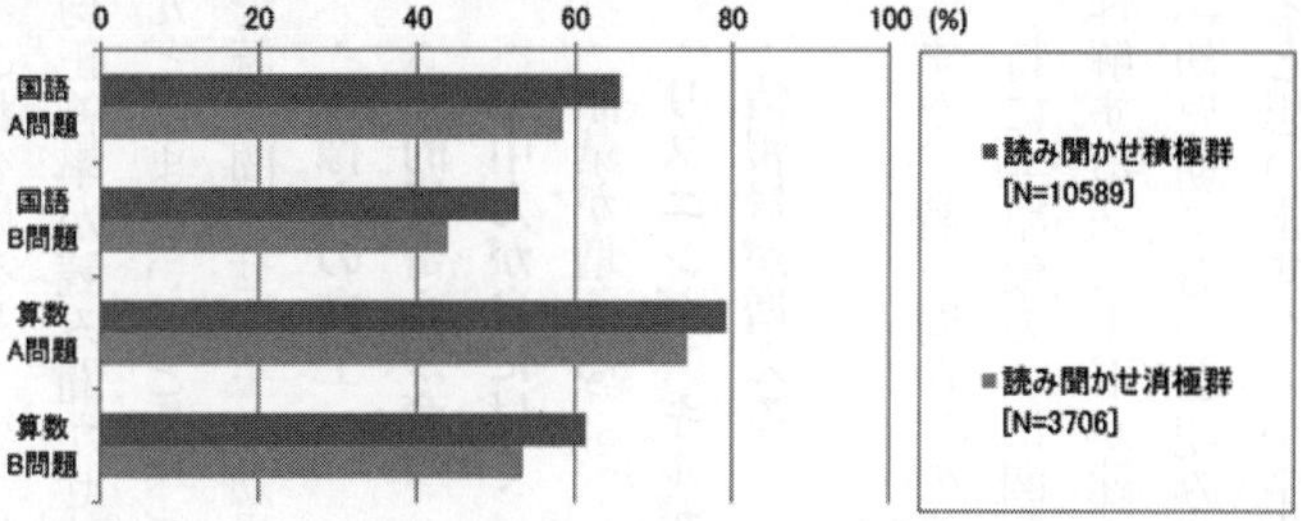

読み聞かせ実施状況	平均正答率（%）			
	国語A問題	国語B問題	算数A問題	算数B問題
読み聞かせ積極群 [N=10589]	65.7	52.7	79.3	61.4
読み聞かせ消極群 [N=3706]	58.4	43.8	74.3	53.4

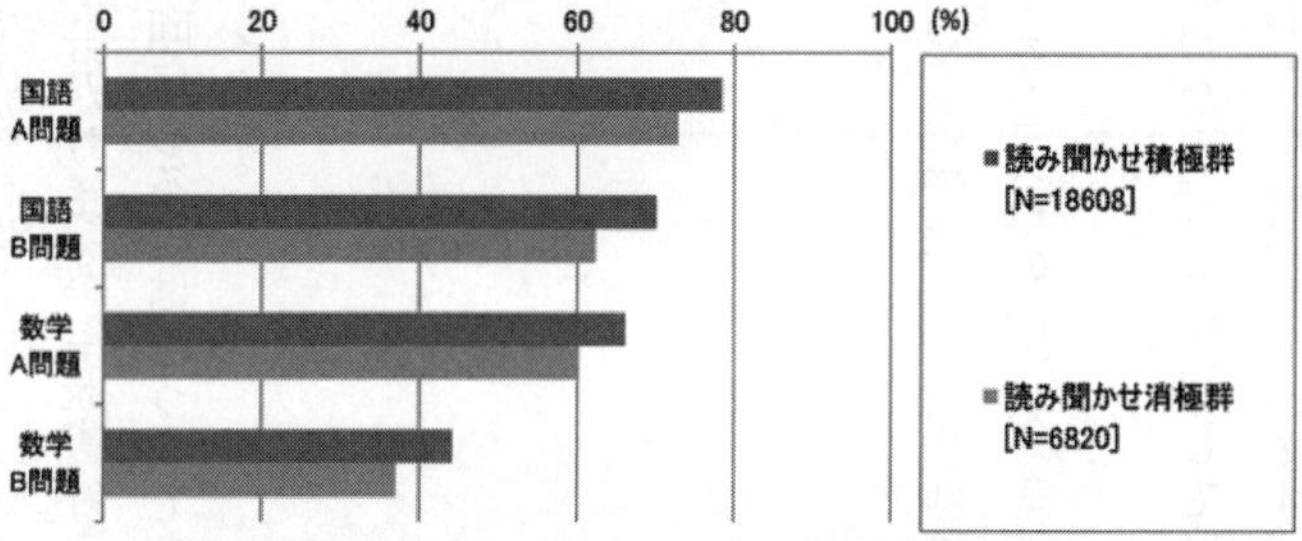

読み聞かせ実施状況	平均正答率（%）			
	国語A問題	国語B問題	数学A問題	数学B問題
読み聞かせ積極群 [N=18608]	78.5	70.1	66.1	44.2
読み聞かせ消極群 [N=6820]	72.8	62.3	60.2	37.0

これを見ると、小学生、中学生いずれも、全ての教科において、読み聞かせ積極群の平均正答率が読み聞かせ消極群よりも高いことが分かります。「読書好きの子」は本をほとんど読まない子と比べて読解力が総じて高い傾向にあるのは言うまでもありません。そこで読み聞かせの主な効果をいくつか挙げてみましょう。

- **想像力の向上**
- **知的好奇心が育つ**
- **集中力が身に付く**
- **語彙が増える**
- **リスニングスキルが向上する**
- **情報量が増える**

また、読み聞かせの後に内容について話し合うことでより理解力や会話力が増します。特に「語彙力」に関しては重要で、語彙が増えると文章の内容をイメージする力がつき、理解するスピードが速くなります。

「幼児期にもっと読み聞かせをしておけばよかった…。」と後悔している方もいらっしゃると思いますが、小学生への読み聞かせも効果的だと言われています。毎日5~10分、コミュニケーションを兼ねてお子さんへの読み聞かせタイムを設けてみてはいかがでしょうか。毎日が無理なら休日に少し長めに行うのもよいと思います。

だから読書は大事なのです

本を読む子は国語ができる。よく言われることですが、長年にわたって国語指導をしている私も、それは事実だと思っています。語彙力・表現力・想像力・文章を読むスピード。読書がもたらす影響は計り知れません。

本を普段全く読まない子が、いくら国語の問題集を積み上げるように解いても、限界があるように感じます。時間内に問題文を読んで設問を解く…という「情報処理力」は練習を重ねると上がるかもしれません。しかし、人物の心情推察とか、状況を想像するとか、その手の設問になると思考も手も止まりがちになる。そのような子を私はたくさん見てきました。

反対に、本ばかり読んで国語の勉強をしてこなかった（いわゆる問題を解いていない）生徒もいます。そういう子が本気で入試などに向き合った時には、読解力が比較的早く向上します。幼児の頃から本をずっと読んできた子なら尚更です。スピードも語彙力も身に付いています。あとはたくさんの問題文にあたって設問を解き、コツや解答センスを習得しさえすれば、黙っていても伸びてくれることが多いのです。

いつから始めても遅くはない

高齢者にも読書や読み聞かせ、音読を推奨しているぐらいです。どんな年代でも、いつからでも、遅いということはありません。もちろん、受験生だって読書は効果的。時間がなければ、一日30分、隙間時間を利用して読むだけでも構いません。脳を動かし、素速く文章を読むためのトレーニングだと考えれば、決して無駄な時間にはなりません。無駄どころか、メリット満載です。

学生さんの中には、なかなか国語の点数が取れなくて焦って問題集ばかり解いている人も多いのではないでしょうか。残念ながら、受験までの数ヶ月間、ただ問題集を解いたぐらいで飛躍的に国語力が伸びることはありません。解法のコツが掴めるようになるかもしれないし、漢字や文法なども頭に入るかもしれません。しかし、長文を読み進めながら内容を理解する力や語彙力、推察力などは短期間では身に付きにくいものです。付け焼き刃のような学習をするよりも、どっしりじっくりと国語力の土台を強くしていくような学習をするほうが、よほど効率良く力を伸ばしていけます。その一つが読書習慣です。

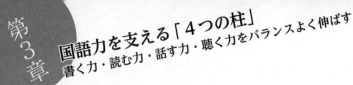

読書だけで難関大に合格？

「どんなに勉強しても点数が取れなかった現代文が、ある時期に集中して30冊ほど読書しただけで、偏差値が20近く上がった。」

私が講師になりたてだった頃、知人が自慢げにそう話していました。それまで本もあまり読まず、模試などでも現代文の点数が取れなかった彼でしたが、1年の浪人の末、偏差値70の大学に合格したそうです。詳しく聞くと、読んだ本は全て日本の純文学。夏目漱石や芥川龍之介、志賀直哉…といった文豪の代表作品を中心に読み耽ったと言っていました。当時の私は半信半疑でしたが、実際に生徒に本を読ませると、想定した以上に読解力が上がるのです。評論が苦手な子にはこれ、小説が理解できない子にはこれ、と言うように、生徒によって勧める本を変えつつ、現在でも読書指導を続けています。

私自身、幼少期から本の虫で、現在も活字中毒に近いぐらいに読書をしていますが、「読書万能説」を唱えるつもりはさらさらありません。それに、読書だけで国語の力を全てカバーできるとも思っていません。読み方や本の質、ジャンルなどによっては、どんなに読書好きでも読解力が上がらない場合もあるでしょう。それでも、日常に読書を取り入れることには大きな意義があると信じています。たった1冊の本との出会いで、その人の価値観を変えることがあります。本は未知の世界をあなたに見せ、自分とは異なる発想や考えを示唆してくれるもの。良質の本と出会えることは本当に幸せなことなのです。

受験勉強としての読書

読書をすることの大切さや意義は十分に理解している。それはよくわかるけれども、受験が迫ってきているのにゆっくり本なんて読めないよ…と言う人もいるでしょう。そこで、受験対策の一環として読書に取り組む方法をご紹介します。

読書で国語力アップ！～物語（小説）編

① 短編集の小説を用意する。星新一さんや筒井康隆さんの本がお勧め。
② それぞれの短編について、制限時間を決めて読む。大体20～30分以内で。
③ その際、どんな結末になるのかを想像したり、「どうして主人公はそんなことを言ったのだろうか」などと、行動の意図や意味を考えたりしながら読む。また、主人公の心情推移に着目して読み進める。

読書で国語力アップ！～説明文（評論）編

① 好きな新書を用意する。岩波新書や岩波ジュニア新書・中公新書など。

② それぞれの章ごとに制限時間を決めて読む。大体20～30分以内で。
③ 各章ごとの要旨（つまり何が言いたいのか）を考えながら読む。見出しを参考にするとよい。

物語にしても小説にしても、「1日30分は読書の時間」「土曜日の朝食前に読書をする」などと決めて取り組むことをお勧めします。まとまった時間が取れない場合は、移動のバスの中などの隙間時間やバスタイムを利用して読むのもよいですね。

「音読力」を身に付けよう！

音読の効果とは？

音読の効用は計り知れません。「面倒だから」「時間がかかるから」「効果がよくわからないから」等の理由で音読を敬遠するお子さんも多くいます。でも、音読には得することがたくさん！音読の代表的なメリットをご紹介したいと思います。

国語力が鍛えられる！

国語の力がある子は音読も上手です。逆に言うと、音読が上達すると国語力アップにも繋がるということです。「音読は時間がかかる。字がスラスラ読めない幼児のすることだ」と考える人もいます。確かに、黙読したほうが速く読めるのでしょう。しかし、音読をすると黙読より正確に読めます。また、音読は「インプット（視覚情報の受信）」と「アウトプット（発声による表現）」を同時に行う複雑な作業。その分、書いてある内容に関する理解度がぐんと高まる行為なのです。

脳が活性化する！

音読が脳に与える効果は、「単語記憶力テスト」でも確かめられています。このテストは、用意した単語を2分間でどれだけ覚えられるかを試すもので、音読を続けたあとにテストをしたグループは、単語の記憶力が普段より20％以上もアップしていたそうです。これは、音読によって前頭前野が活発に動いたためだと考えられています。前頭前野は思考や記憶、感情のコントロール等の重要な役割を担っており、コツコツと音読を続ければ、その働きがさらに良くなって、記憶力向上にも繋がるのです。認知症の予防や学習療法としても音読が活用されているのは有名な話ですよね。ゲームやテレビでは脳はほとんど動かないと言われていますが、音読は多くの部位を使います。そのため、脳の活性化に繋がるという訳です。

気持ちが落ち着く！

「1日10分程度の音読で情緒が安定する」と説く心療内科医もいるように、音読は気持ちを落ち着かせる作用があります。声に出して読むことでセロトニンというホルモンが分泌され、リラックス効果をもたらすとのことです。実際、うつ病、対人恐怖症などを患っている人は前頭前野の働きが鈍化しているというデータがあります。その治療の一環として音読を活用している人も多いそうです。また、前頭葉はやる気や自制心も司るので、落ち込んでいる時やエネルギッシュな日々を送りたい時にはぜひ音読に取り組んでみてください。脳のパフォーマンスが高いとされているのは起床後3～4時間後という説もあります。午前中の音読が最も心身に良さそうですね。

音読をさせると国語力がわかる

国語が苦手な子は音読も苦手な傾向にあります。「この文章、意味がわからない…。」と泣きついてくる生徒に本文を音読させてみると、上手にできないことが多いのです。

飛ばし読みをする。誤読をする。言葉の切り方が滅茶苦茶…と、聞いている側も、本文に何が書いてあるのか内容が頭に入ってきません。私の経験上、「音読が上手い子は国語力がある」「音読が下手な子は国語力が乏しい」というのはやはり真実のように思えます。

●漢字が正確に読めている
●1文字1文字、間違えることなく読み進められる
●文意を理解している
●相手にはっきり聞こえるように声を出す
●大事なところを強調して読める

これらが上手な音読です。

音読指導としてはまず、引っかかり無くスラスラ読めることを目標にします。次に、聞く人にも文の内容がわかるような音読を目指します。

そして理想の最終形は、聞くと作品の主題や登場人物の感情までもがよく伝わってくるような音読です。声の抑揚、キーワードやキーセンテンスの強調、会話文の声色などを意識させる指導をしていきます。

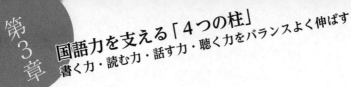

お子さんが国語の問題を解いていて、設問がわからないと言う時、まずは問題文と設問文を音読させてみるとよいでしょう。「問題がわからない」のではなく、「問題文が読めていない」ことに気づくと思います。

「音読力」は、国語力の土台となる大事な要素なのです。

効果的な音読の方法

音読も国語学習の一つ。長く続けることで成果が出てきます。自分のペースで構わないので、継続してみてくださいね。

★1日15分程度行う

毎日練習することが難しければ、週に2回ほど1回15分間という時間で行ってみてください。

★誰かに聞いてもらう

普段は一人で練習してもよいのですが、時々誰かに聞いてもらう機会を作りましょう。

聞き手がいると誤読防止にも繋がりますし、相手に伝わる読み方を意識するようになります。聴いている人に文意が通じていない場合は、自分の読み方を省みて改善していくこと。

★テンポ良く読む

聞き手の頭に内容がすっと入るような速度で読みます。速すぎたり遅すぎたりしないように意識しましょう。

★読むものを選定する

学校教科書、取り組んでいる問題集やドリルなどの文章、好きな本や新聞記事など、これというものを決めて継続して読みます。または飽きの来ないように複数の本をローテーションさせるのも良いと思います。

目指せ！音読達人への道

前述した通り、国語が苦手な子の大半は「音読」も苦手です。語彙力が乏しいために漢字が読めなかったり、区切り方を間違えたりします。昔も今も変わらず、学校の国語の時間で音読を行うのには大きな意味があるのです。

次頁の表は私の塾で使っている音読チェックシートの概要です。基本的な国語力に自信がない子や、普段から「雑読み」が目立つ子は①から④を徹底的に練習します。スラスラ読めるようになった子は、⑤を念頭に置きながら読む練習をしましょう。「この文章で、筆者はどの語句を強調したかったのだろうか。どれがキーワードだろうか。」などと考えて読む癖をつけることで、文の主題を読み解くトレーニングにもなります。

国語力を向上させるため、是非とも音読練習を習慣化してみてください。学校の教科書でもドリルでも、題材は何でも結構です。音読用の本を用意するのも、学習意図がはっきりしてよいかもしれませんね。

音読チェックシート

①「。」と「、」で区切って読むこと

→目安として、「、」のあとは1秒、「。」のあとは「3秒」待ってから次を読みましょう。

②聞きやすい声で読むこと

→小さすぎたり、大きすぎたりしないように！

③聞きやすい速さで読むこと

→早口にならないように気をつけます。

④何度も練習して、ひっかからないように読むこと

→少なくても3回は声に出して練習しましょう。

⑤大事な言葉や強調したい言葉の前は「1秒あけて」読むこと

→聞いている人にはっきりと伝えるために、大事な言葉を読む前は間（ま）を1拍あけて読みます。音読練習するときに、大事な言葉を〇で囲んでおくと良いでしょう。

◆例：「するとそこに（1拍あける）**犬**が現われたのです。」

→「犬」という語を強調したい場合、犬という単語を読む前に1拍あけて読みます。また、その強調したい言葉（犬）を少しゆっくり読むとさらに伝わりやすくなります。

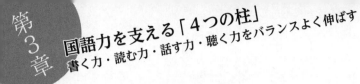

読解力を伸ばす

読解力を鍛えよう

文章を読んで主旨を理解する力を養うためには、読書や音読が有効です。要約や縮約などの練習を重ねることも読解力を伸ばすのには効果的でしょう。また、その他の方法として、「線引き」と「図解」があります。これは難解で複雑な文章を読む際に、大事な文に線を引いたり、図で内容を整理したりするというものです。読解力トレーニングの一つとして取り入れてみてくださいね。

線引きと記号化

次の表現に着目し、線引きや記号化をします。ただ黙って読むよりも、手を動かしながら読み進めることで「文の内容を整理し、理解して読もう」という脳内スイッチが入ります。

■**逆接表現**…前に述べた内容とは逆の内容を以下に述べる時に用いる。

（例語）しかし・けれども・だが・～が・～ものの・～にも関わらず　など

（記号化）逆接表現に ▽マーク（下の文章に注目!!マーク）をつけ、直後の文に線を引く。

（例文）・もう三月も終わろうとしている。しかし 道端にはまだ雪が残っている。

★ポイント…逆接表現の後の部分に大事なことが書かれている！

■**換言表現**…前に述べた事柄をわかりやすく言い換える時に用いる。

（例語）つまり・すなわち・要するに・いわば・言い換えると　など

（記号化）換言表現に↓マークを。「すなわち」のみ＝マーク（前後の内容は同義）。

（例文）・説明ができないということは、つまり↓理解できていないということだ。

・聴き上手な人は、すなわち＝人から愛される人である。

★ポイント…換言表現においても、後に書かれていることに注目すること。

■**疑問表現**…筆者が感じた疑問を読者に訴える時に用いる。

（例語）なぜ〜か・どうして〜か・いつ〜か・誰が〜か　など

（記号化）疑問表現の含まれている文の初めと終わりに〈　〉マークをつけ、表現全体をくくる。

（例文）・私が長年研究していることは、〈何歳ごろから人間は自我を意識するのか〉、ということである。

★ポイント…平叙文とはっきり区分けさせ、問題提示されている事柄を浮き立たせよう。

■**例示表現**…具体的な事柄を例に挙げて述べる時に用いる。

（例語）例えば・まるで～ようだ　など

（記号化）例示表現の含まれている文の初めと終わりに（　）マークをつけ、全体をくくる。

（例文）・人の目を異常なほど気にする人がいる。（例えば、人前では食事ができなかったり、マスクなしで外出できなかったりする人も多いと聞く。）

・私たちは常に考えている。（食事でメニューを前にする時でも、本を選ぶ時でもいつも「考える」という作業をしているのである。）人間は考える存在なのだ。

★ポイント…「例えば」「～ようだ」などと直接的な例示表現を用いていなくても、前の部分の具体例を挙げている場合は例示表現だと判断する。

■**因果関係**…前に述べた原因や理由の結果を以下の部分で述べる時に用いる。

（例語）だから・それで・そのため・そこで・ゆえに・したがって　など

（記号化）因果関係を示す表現には△マークをつけ、直後の文に線を引く。また、理由を述べている箇所には波線を引く。

（例文）・明日は大事な会議が朝早くにある。だから絶対に遅刻はできない。

★ポイント…「だから」等の前に書かれている文が原因・理由、あとに書かれているのが結果・結論。

キーワード&キーセンテンス

キーワードとキーセンテンスをしっかり追いながら読み進めましょう。

■**キーワード**…本文中で筆者が特に強調している語句、または本文を読解する過程で必要不可欠な語や表現。

◎見つけ方

1　何度も繰り返し出てくる語や表現→リピートキーワード

2　一度きりしか出てこないが、「存在感」のある表現や熟語→熟語キーワード

3　筆者独自の言い回しで、辞書的な意味や用法とは多少異なる（本文の文脈の中でしか語意がわからないような）表現。筆者が創り出した語句。↓オリジナルキーワード

◎記号化…その語句・表現を□で囲む。

■キーセンテンス…本文中で筆者が特に強調している文のこと。

◎見つけ方

1　断定表現…例「～はずだ」「～べきだ」「～なければならない」「～ちがいない」

2　禁止表現…例「～てはならない」「～べきではない」

3　反語表現…例「～だろうか、いや～ではない」

4　強調表現…例「～こそ」「最も～」「本当に～」「心から～」

5　逆接表現の直後。

6　本文の冒頭か末尾、各段落の末尾にあることが多い。

◎記号化…その文全体に線を引く。

「縮約」で読解トレーニング

「縮約」とは、本文を二分の一から三分の一程度に短くすること。文章を、段落ごとに一つ一つ丁寧に理解していくための作業です。

▼縮約のルール
① 本文の主旨を変えないこと
① 本文中の言葉・表現をなるべくそのまま使うこと
② 線引きした部分、または縮約文を繋げて読むと、全体の文意が理解できること。

▼手順
1 本文を読む
最初は、その文章に何が書かれているか、大まかな筋をつかむつもりでさっと目を通していく。

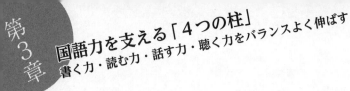

2 縮約作業をする

段落ごとに、大事な文を探して線を引いていく。「この文章がなければ、この段落の文意が伝わらない」という文を探す。

3 線引き箇所を読む

全ての段落で線引きが終わったら、線を引いた文章だけを繋げて読んでみる。その文章を読んでいない人でも、線を引いた文を繋いで読んでいけば本文の要旨が理解できるのが理想。各段落の長さは、もとの2分の1から3分の1となるのが望ましいが、段落によっては全文が必要なものや、逆に全文が不要のものもある。線引き部分に、取り除いても内容的に支障のない余計な箇所があれば、その線を消しゴムで消すか×を付ける。

4 原稿用紙にまとめる

線引きした文章を原稿用紙にまとめていく。その際、文の流れが不自然にならないように、内容の過不足を調整する。文章の言葉を切り貼りするイメージで、線引き部分に主語や目的語などの不足があれば本文から探して補い、不要な部分はカットする。内容を変えない程度であれば自分の言葉で補ってもよいが、できるだけ本文の言葉や表現を用いるようにする。

縮約例

（縮約前の本文）

私は都会育ちだが、戦争中、父の故郷である北陸の農村に一年半疎開し、農業を営んでいる叔父の手伝いなどもしたから、苗代作りに始まり、田植え・田の草取り・稲刈り・はさ掛け・脱穀などに至る一連の仕事が、どのような労働を伴うものであるかをかなりよく知っているつもりでいる。特に農薬の出現前に、農村の婦人たちが田の草取りの激しい労働にどんなに苦しい思いをしたかが、ほとんど自分の体験のようにわかるといえるほどだ。だから、農薬が出てから田の草取りをしないでもよくなってどんなに楽になったかわからない、という意味の言葉を、数年前父の故郷を訪ねて叔母の口から聞かされた時、それは本当によかった、と心から思ったものであった。

農薬が使用に供せられた時、その影響について当然専門家たちは心を配ったと思われるが、長期的な影響についてどのくらい万全の考慮を払ったろうかという問題については、少々疑問を持たざるを得ない。農村の子どもたちの楽しみの一つであった川魚の類が死滅したり、ほたるがいなくなったり、天敵である昆虫などがいなくなってしまうということは当時あまり考えなかったであろう。さらにもっと恐ろしいこと、例えば人体に有毒な化学成分が収穫物の中に残存したり、稲を飼料とする牛の乳にＢＨＣが濃く含まれたりして、人間の健康に重大な脅威を持つ事態をひき起こすというようなことは、おそらく夢にも思わなかったであろう。

私は昔、生物の教科書で、自然には循環の輪があって、どんな物でも腐り、化学分解を起こし、大地に吸収され、あるいは空気の中に蒸発し、それが再び植物などに養分の形で吸収され、その植物を動物が食べる、といった動きが永遠に繰り返されているのだ、ということを読んで、自然の無言の神的な秩序に深い畏敬の念を覚えたことがある。こうした自然の循環という大きな秩序は絶対不可侵のようなものに私は感じていたのだが、そういった私の感覚は、生物学がさまざまな高度の細分化された分野に分かれる前の、博物学の中に含まれていたような時代の古臭い感覚にすぎないのであろうか。

しかし私にはそう思えないのである。農薬による化学成分の残存の問題といい、天敵の大量死滅の問題といい、工場廃液の問題といい、全てこの自然の大きな秩序に対して、人間が無神経で、徹慢な振る舞いに出たために自然から大きな復讐を受けたのだと思わないではいられないからである。今後人間が新しい化成物を人間の生活に取り入れる場合には、その影響を大きな自然の秩序の中で考えて、かなり長い時間の流れの中で検証し直すという手続きの重要性をもっと真剣に考慮しないと、ますます多数の不幸な犠牲者を出し、それどころか人類そのものの未来を破滅に導くということさえなきにしもあらずだという気がしてならないのである。

（縮約）

私は戦争中、農業を営んでいる叔父の手伝いなどもしたから、田の草取りの苦しさが、自分の体験のようにわかる。だから、農薬が出てから草取りをしないでもよくなって楽になった、と叔母から聞かされた時、本当によかったと心から思った。

しかし、その農薬が使用に供された時、専門家たちは、長期的な影響について万全の考慮を払ったのかという問題については、少々疑問を持たざるを得ない。農薬が人間の健康に重大な脅威を持つ事態をひき起こすということは夢にも思わなかったであろう。

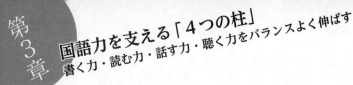

自然には、腐り、大地に吸収され、空気中に蒸発し、再び植物などに吸収される、という循環の輪がある。私はこうした自然の無言の神的な秩序に深い畏敬の念を覚えた。この秩序は絶対不可侵のもののようなものに感じていたのだが、それは古臭い感覚にすぎないのであろうか。

私にはそう思えない。全てこの自然の大きな秩序に対して、人間が無神経で、傲慢な振る舞いに出たために自然から大きな復讐を受けたのだと思わないではいられないからである。今後人間が新しい化成物を生活に取り入れる場合には、その影響を大きな自然の秩序の中で考えて、長い時間の流れの中で検証し直すことを真剣に考慮しないと、ますます多数の不幸な犠牲者を出し、それどころか人類そのものの未来を破滅に導く気がしてならない。

「図解」で内容を整理する

図解とは、本文の内容を簡単な図、または表にして整理することです。

▼図解の方法

① 線引きした部分を中心に、各段落の中心になる語（キーワード）や表現を書き出す。
③ 書き出した語句について、特記するべき事柄をメモ書きする。
④ 対義表現には両矢印（⇔）、同義表現には＝（イコール）などの記号を用いながらまとめる。

【図解】の一例

(1) 私は都会育ちだが、戦争中、父の故郷である北陸の農村に一年半疎開し、農業を営んでいる叔父の手伝いなどもしたから、苗代作りに始まり、田植え・田の草取り・稲刈り・はさ掛け・脱穀などに至る一連の仕事が、どのような労働を伴うものであるかをかなりよく知っているつもりでいる。特に農薬の出現前に、農村の婦人たちが田の草取りの激しい労働にどんなに苦しい思いをしたかが、ほとんど自分の体験のようにわかるといえるほどだ。だから、農薬が出てから田の草取りをしないでもよくなってどんなに楽になったかわからない、という意味の言葉を、数年前父の故郷を訪ねて叔母の口から聞かされた時、それはほんとうによかった、と心から思ったものであった。

(2) 農薬が使用に供せられた時、その影響について当然専門家たちは心を配ったと思われるが、長期的な影響についてどのくらい万全の考慮を払ったろうかという問題については、少々疑問を持たざるを得ない。農村の子供たちの楽しみの一つであった川魚の類が死滅したり、ほたるがいなくなったり、天敵である昆虫などがいなくなってしまうということは当時あまり考えなかったであろう。更にもっと恐ろしいこと、例えば人体に有毒な化学成分が収穫物の中に残存したり、稲を飼料とする牛の乳にBHCが濃く含まれたりして、人間の健康に重大な脅威を持つ事態をひき起こすというようなことは、おそらく夢にも思わなかったであろう。

(3) 私は昔、生物の教科書で、自然には循環の輪があって、どんな物でも腐り、化学分解を起こし、大地に吸収され、あるいは空気の中に蒸発し、それが再び植物などに養分の形で吸収され、その植物を動物が食べる、といった動きが永遠に繰り返されているのだ、ということを読んで、自然の無言の神的な秩序に深い畏敬の念を覚えたことがある。こうした自然の循環という大きな秩序は絶対不可侵のようなものに私は感じていたのだが、そういった私の感覚は、生物学がさまざまな高度の細分化された分野に分かれる前の、博物学の中に含まれていたような時代の古臭い感覚にすぎないのであろうか。

(4) しかし私にはそう思えないのである。農薬による化学成分の残存の問題といい、天敵の大量死滅の問題といい、工場廃液の問題といい、すべてこの自然の大きな秩序に対して、人間が無神経で、傲慢な振る舞いに出たために自然から大きな復讐を受けたのだと思わないではいられないからである。今後人間が新しい化成物を人間の生活に取り入れる場合には、その影響を大きな自然の秩序の中で考えて、かなり長い時間の流れの中で検証し直すという手続きの重要性をもっと真剣に考慮しないと、ますます多数の不幸な犠牲者を出し、それどころか人類そのものの未来を破滅に導くということさえなきにしもあらずだという気がしてならないのである。

---

(1)

農薬の出現前
農作業は苦しい労働
↔
農薬の普及
農作業が楽になった！

(2)

農薬の長期的な影響
・自然破壊
・人体への害
←
専門家はしっかり考慮した？

(3)

自然の循環の輪
＝
神的な秩序
←
絶対不可侵のもの

(4)

新しい化成物
自然の大きな秩序の中での影響
←長い時間の流れで検証
人間の生活に取り入れるべき！

寄稿

ゲームやスマホばかりしている我が子

「本でも読んでほしいな…」と思った事はありませんか？

札幌市立新川中央小学校教員　難波　駿

お子さんは本を読みますか？

２０１９年６月、全国学校図書館協議会による読書調査では次のような結果を示しています。

・小学生４～６年生が、２０１９年５月の１カ月間に読んだ本の平均冊数は11・３冊

・中学生１～３年生の平均冊数は４・７冊

「えぇ！そんなに！？」と思われた方もいるのではないでしょうか。

読書が習慣化した子どもの中には年間１００冊以上の本を学校図書館から借りる子も珍しくありません。かつての教え子には２００冊を超える子もいました。

一方、こんなデータもあります。同じく読書調査による結果です。

・小学校4~6年生の不読率(1カ月に読んだ本の冊数が0冊)の子どもの割合は6・8%

・中学校1~3年生は12・5%

つまり毎月10冊以上の本を読む子がいる一方で、10人に1人は、全く本を読まない子どももいるのです(大人の不読率は50%を超えるという調査もありますが、その話題は置いておきましょう)。

皆さんも御存じの通り、読書習慣化における教育効果は絶大です。

小学生の大人気ゲームソフト「脳トレ」の監修者としてもお馴染み、東北大学教授の川島隆太氏は著書『読書がたくましい脳をつくる』で次のように述べています。

・読書習慣がある人は全体的に成績がよい

・読書習慣が創造力を豊かにする可能性がある

・読書をしている時は、前頭前野や側頭葉など脳のたくさんの場所が活発に働いている

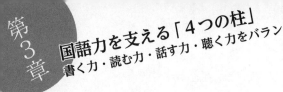

その他、海外の研究チームも「読書と生涯年収の増加」や「読書とストレス軽減」に相関関係があると報告するなど、読書における教育の力は無限大です。

我が子に読書を勧める親御さんの声掛けは素晴らしい行為だと言えます。しかし、声掛けはしているのになかなか習慣付かないと悩んでいる方も多いのではないでしょうか。私も毎日多くの小学生と関わっているので、読書の習慣付けが容易ではないことは十分に理解しています。

しかし、教員の経験から断言できる事があります。現在1カ月に1冊も本を読まない子でも「読書の習慣化」は可能です。自転車の練習が嫌で嫌でたまらなかった子どもが乗れるようになった日を境に大好きになるように、読書が苦手だった子が大好きに変わる瞬間も数多く見てきました。入学から4年間に1冊も図書館から本を借りた事がなかったのに、たったの1年間で100冊以上借りた教え子もいました。

本を読む子どもを育てることが、彼らの歩む道を明るく照らしてくれると信じ、実践を重ねてきました。数多く取り組んできた読書指導の中で、御家庭でも活用できそうな関わりを3つだけ紹介します。

❶読書タイムの創設

・読書しかできない時間を設ける
・キッチンタイマーを使い、家族で取り組むと効果が高い
・全く習慣がない子は漫画・雑誌から始めても良い

【お勧めの理由】

ゲーム、スマホにテレビ。学校と違って、家には子ども達にとって魅力的な選択肢が山ほどあります。いくら読書が大事だと分かっていても「ゲームしようかな？読書しようかな？」と同じ棚の中に並べられてしまうと読書が選択される可能性は限りなく低いです。
・帰宅後、おやつを食べたら15分間は読書タイム（昼読）
・夜ご飯を食べ終わってから15分間は読書タイム（夜読）
など無理なく楽しめる範囲で始めてみましょう。

❷読書生活表の活用

夏休み生活表のような枠を作って、

・1冊読んだら一つ色を塗るなどルールを決める
・2冊読んだ3つ塗る、50冊読んだら好きなお菓子を食べられるなど、楽しく習慣付けができる工夫をする

【お勧めの理由】

読書がゲームのように習慣付かない要因の一つは「自分が前に進んでいる感覚」が感じられないことだと思います。ゲームには経験値が増えたり、レベルアップしたりなど飽きさせない工夫が凝らしてあります。そのゲームの良さを読書にも取り入れてみることをお勧めします。手書きの簡易スタンプカードのようなものでも効果が出ます。〇〇を達成したら〇〇など家族内で段階に応じたご褒美を決めるのも楽しいでしょう。

❸読書交流の設定

・読んだ本について親子で感想を述べ合う時間を設定する
・読書タイムの直後、30秒の交流時間をとる
・読んだ本のポスターを作る、本の日記を書くなども良い

【お勧めの理由】
『受験脳の作り方』池谷裕二著／新潮社では、以下のように述べています。

もちろん、情報の入力と出力はどちらも大切なのです。入力のない出力はありえませんから。しかし、脳がどちらをより重要視しているかといえば、圧倒的に「出力」です。脳は出力依存型なのです。

読書は、脳の中に情報を入れる「入力」が中心となる傾向にあります。30秒でも構いません。「話す」「書く」「行動する」など「出力」の時間を意識して設定しましょう。知識の定着率が上がるだけではなく、親子で交流する機会が増えるなど多くのメリットがあります。また、他者に「伝える気持ち」をもった読書は受動的ではなく能動的に変わります。本の話題を中心とした家族の豊かな会話を増やしませんか？

私自身、読書が大好きです。働いている今も1カ月に10冊以上の本を読みます。だから

こそ、読書の楽しさや素晴らしさを子ども達に伝えたいと日々試行錯誤を重ねながら教員をしています。挙げればキリがありませんが、本を読むことの大きなメリットの一つは「出逢い」です。本を読むことで素敵な出逢いがあります。

・行った事がない場所に冒険に行くようなわくわくした気持ちとの出逢い
・自分が経験したことのない、胸を引き裂かれるような悲しい気持ちとの出逢い
・自分ではどうしようもできない悩みを解決した著者との出逢い

本を読む人だけにしか訪れない素敵な出逢いが山ほどあります。
読書は出逢いです。

本書を執筆している坂本先生とも、私に読書習慣があったからこその出逢いでした。国語の教育書を何冊も読んでいて、ふとインターネットからも情報を得たいな…と思い「国語塾　札幌」と検索したら、目に飛び込んできたのが坂本先生のブログでした。立場は違いますが、熱意をもって有益な国語情報を発信されている方が近くにいることにわくわくしました。読書習慣がなければ、坂本先生との出逢いも間違いなくなかったでしょう。

この寄稿文まで一生懸命読んでくださった皆さんの大切なお子さんが、様々な出逢いを経験して、よりよい人生を歩んでいくことを心より願っています。

（参考）読書習慣がない子に～お勧めの4シリーズ

❶「5分後に意外な結末」

タイトル通り「1話5分」で読む事ができます。札幌市内の小学校では、10分程度の朝読書が一般的に行われています。「1話5分」で読み終わる本書は「朝読書」との相性も抜群です。苦手な子には、最初から順番に読むのではなくて、「題名が面白そうなものから読んでごらん」と伝えています。

❷「54字の物語」

54字で読者を惹きつけるような要約文・見出し文が書いてあります。この本に関しても、「54字だけ読んでみて、面白そうだったら続きを読んでごらん?」と声掛けをしています。歴史編やホラー編など様々なバリエーションがあって子どもを飽きさせません。

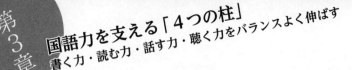

❸「ざんねんな生き物事典」

言わずもがなの大人気シリーズです。小学校でも低学年から高学年まで幅広く、圧倒的な人気を誇っています。「ねえ、知っている?実はカバってさ…」なんて、誰かに雑学的に話したくなってしまうのも魅力の一つなのかもしれません。「よし、1冊読み切った!」と言いやすい本の一つです。

❹「漫画で読む文学作品」

特に、中学生以上の子や大人にお勧め。人間失格や羅生門など、昔読んだ名作を再度読み返すのも良し、まだ読んでいない名作にチャレンジするのも良し、楽しみ方は様々です。純文学や古典作品は手が出にくいのですが、漫画で読むと読みやすいので内容が頭に入ってきやすいですよ。

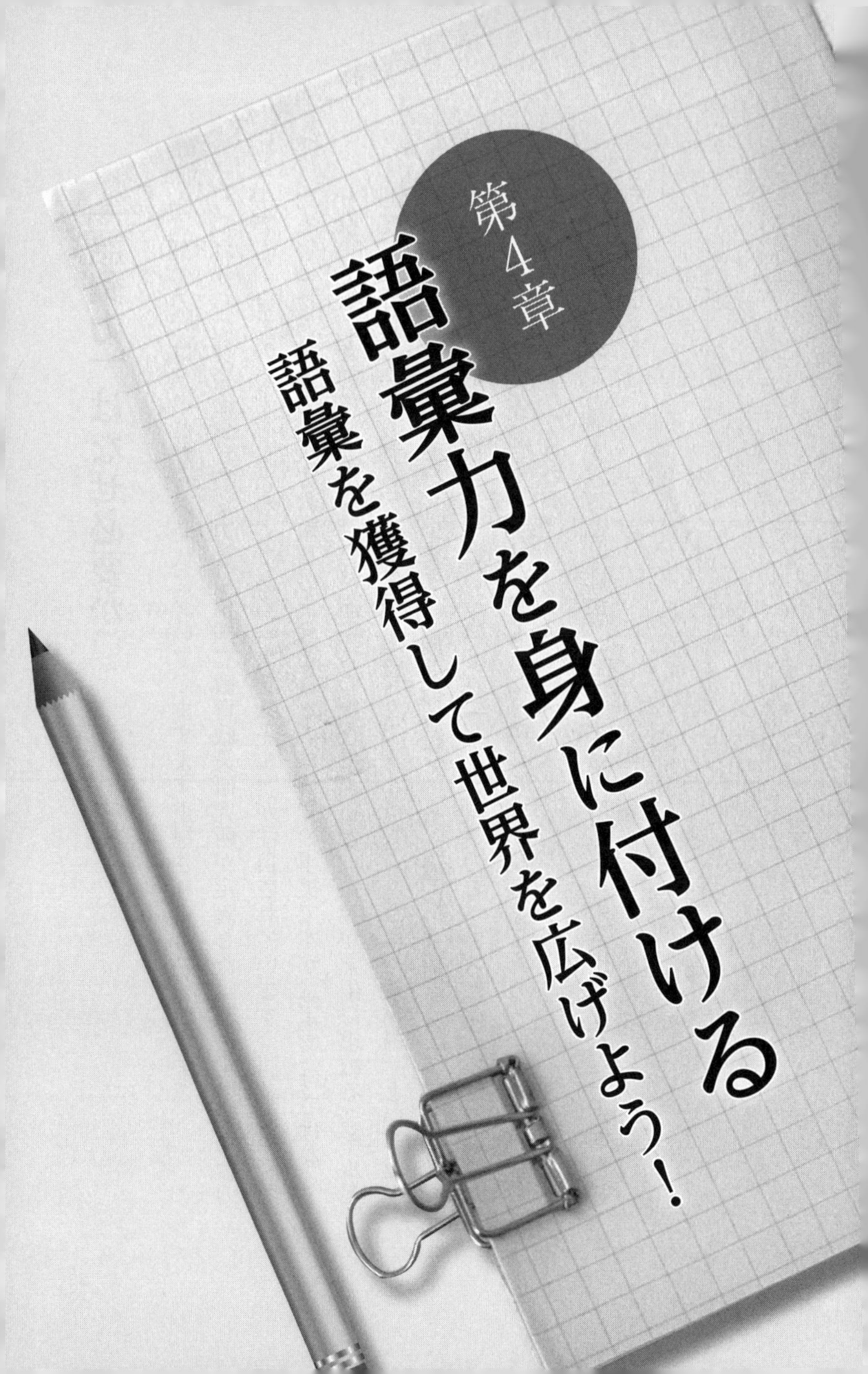

第4章
語彙力を身に付ける
語彙を獲得して世界を広げよう！

「語彙力」はなぜ必要か

「言葉の力」は、これからの時代において、ますます重視される力の一つです。

これからの社会を生き抜く力として国立教育政策研究所が定義した「21世紀型能力」の中でも、全ての能力を支える力である「言語スキル」が注目されています。語彙力や読解力といった言葉の力が全ての教科の土台となるのは周知の事実ですが、学生だけではなく、社会人でも語彙力は必要です。経済産業省の調査によると、企業が学生に求めるスキルとして、「主体性」「粘り強さ」に並んで、「コミュニケーション力」「一般常識」といった、基礎的な言語スキルを挙げています。「周囲の意見を丁寧に聞いて理解する」「自分の考えをわかりやすく周りに伝える」というコミュニケーション力もベースとなるのは言葉の力です。語彙力は書く・読む・話す・聴くという4つの力の主要素であり、子どもから社会人まで一生必要な力なのです。

いつから始めても遅すぎることは決してありません。言葉の引き出しをどんどん増やしていきましょう。

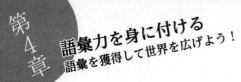

「語彙」はあなたの世界をつくる

私たちは「言葉」を用いて生きています。話すことや聴くことに止まらず、思考する時や推察する時などにも「言葉」を使います。語彙が乏しいと、人に何かを説明する際や文章を読み解く際、論理的にじっくり物事を考える際にも支障が出てきます。それに対して言葉を多く知っているとその分、多角的に物事を考えられるようになり、思考の幅もぐんと広がります。語彙力はその人間の世界を形成していると言っても過言ではありません。子どものうちにたくさんの言葉を獲得することは、人生を生き抜く上でも大いに意義あることなのです。

例えば、昆虫を例に挙げてみます。飛んでいる蝶を見て、「キアゲハ」だと分かる子と分からない子がいるとしますよね。わからない子にとっては単なる「黄色い蝶」という認識です。名前がわからないと「蝶」という大きなカテゴリーの中の生き物という認識に過ぎません。一方、その黄色い蝶が「キアゲハ」だと分かる子は、他の蝶と区別してそれを認識することができます。名前が分かるだけでなく、他者との差別化を図ることができるようになります。それが「言葉」を覚えるということです。「キアゲハ」は普通の蝶よりも体が大きいとか、黄色と黒の模様があるのだとか、ネームを獲得することによってそこにフォルダができ、その中に性質や特性などの情報がどんどん入っていくイメージです。

また、語彙力は「経験値」とも大きく関わっています。実経験ではなくても、読書習慣や人の話を聴く機会が多くある子と無い子とでは語彙の獲得量に差が生じてくるものです。ちょっと考えてみてください。人の口癖や言い回しって伝染しませんか。身近な人の話によく出てくる単語をいつの間にか自分も使ってしまっている、もしくは子どもが真似しているということはよくあることです。このように、語彙というものは本を読んだり、人の話を聞いたりすることでも増えていきます。

「言葉ノート」のすすめ

読書にせよ会話にせよ、知らない言葉が出てくるたびにいちいち辞書で引く人は少ないのではないでしょうか。しかし、曖昧なままにすると、意味を間違えて覚えてしまったり、言葉をすぐに忘れてしまったりもします。そこで、お勧めなのは「言葉ノート」を作ることです。わからない言葉や自信のない言葉を辞書で引き、その意味を記録していくのですが、そこで終わらせると単なる「機械的な作業」になってしまいます。そこで仕上げとして、その言葉を用いた例文を作ってみて欲しいのです。例文を作るとなると、その言葉の意味をしっかり理解する必要があります。例文を考えて書くことで、インプットとアウトプットの両方ができます。

「言葉ノート」の書き方

★通し番号
1日1語とか、1週間に10語などと目標を決めて取り組みましょう。

★調べた言葉
通し番号の下に調べた言葉を書き、色ペンなどで囲みます。調べた言葉を強調させましょう。

★意味
全ての意味を書いても良いのですが、最初の1~2つだけを書いても構いません。

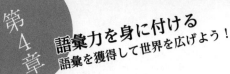

★例文

自分で考えて書きます。どうしても思いつかない時には、辞書に載っている例文を参考にしてアレンジしてください。笑えるようなおもしろい内容にしたり、「母は」「弟は」と家族を登場させるなど、自己流の例文を書くのも長く続ける秘訣です。

たくさん覚えたい「心情語」

語彙力というものは会話の中や読書を通じて自然と身に付いていくのが理想です。ただし、会話や読書だけではなかなか習得できない言葉があります。また、たとえ強引でも意識して早めに頭に入れたほうがよい言葉もあります。その一つが気持ちを表す言葉「心情語」です。心情語のストックが乏しいと、作文等の表現がワンパターンになります。そうすると「楽しかったです」「きれいでした」などの言葉ばかりを繰り返し使う羽目になるのです。それだけではありません。人の書いた文章を読むときも、話をしたり聴いたりするときにも心情語を理解していないと、正しく読み聴き取ったり伝えたりすることが難しくなります。例えば、小説（物語）の読解は、「登場人物の心情」を読み解くことが解釈の中心です。文中に出てくる心情語彙が理解できないと正しく読み取ることができません。

人との会話においても、場面に応じて心情語を使い分けることができると、細やかな感情を伝えたり代弁したりできます。決して目には見えないこころ(気持ち)を伝え合うツールとなるのが心情語彙なのです。

次のページに「心情語リスト」を掲載しました。お子さんに辞書を引いてもらい、「言葉ノート」や単語カードに記してみましょう。

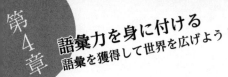

面倒くさい《めんどうくさい》	唖然とする《あぜんとする》	怪しむ《あやしむ》	憐れむ《あわれむ》	傷ましい《いたましい》	苛立つ《いらだつ》	後ろめたい《うしろめたい》	疑わしい《うたがわしい》	鬱陶しい《うっとうしい》	恨めしい《うらめしい》
うんざり《うんざり》	怯える《おびえる》	思いあがる《おもいあがる》	思い悩む《おもいなやむ》	感傷《かんしょう》	気がかり《きがかり》	気が滅入る《きがめいる》	危機感《ききかん》	気分が晴れない《きぶんがはれない》	気まずい《きまずい》
気もそぞろ《きもそぞろ》	逆上する《ぎゃくじょうする》	興ざめだ《きょうざめだ》	苦悩《くのう》	敬遠する《けいえんする》	軽蔑する《けいべつする》	嫌悪感《けんおかん》	孤独《こどく》	罪悪感《ざいあくかん》	自己嫌悪《じこけんお》
嫉妬《しっと》	失望する《しつぼうする》	尻込みする《しりごみする》	じれったい《じれったい》	心外だ《しんがいだ》	切ない《せつない》	絶望《ぜつぼう》	敵意《てきい》	同情する《どうじょうする》	動揺する《どうようする》
当惑する《とうわくする》	戸惑う《とまどう》	嘆く《なげく》	苦々しい《にがにがしい》	妬む《ねたむ》	儚い《はかない》	反感《はんかん》	反発《はんぱつ》	悲観的《ひかんてき》	不快《ふかい》
不機嫌《ふきげん》	不憫だ《ふびんだ》	不満《ふまん》	不愉快《ふゆかい》	呆然と《ぼうぜんと》	見下す《みくだす》	無関心《むかんしん》	空しい《むなしい》	無力感《むりょくかん》	もどかしい《もどかしい》
モヤモヤ《もやもや》	やましい《やましい》	憂鬱《ゆううつ》	弱気《よわき》	煩わしい《わずらわしい》	侘しい《わびしい》	哀惜《あいせき》	侮る《あなどる》	案じる《あんじる》	遺憾《いかん》
憤る《いきどおる》	畏怖《いふ》	訝る《いぶかる》	卑しい《いやしい》	負い目《おいめ》	臆する《おくする》	億劫だ《おっくうだ》	懐疑的《かいぎてき》	慨する《がいする》	危惧する《きぐする》
怪訝《けげん》	激昂《げっこう》	懸念する《けねんする》	心もとない《こころもとない》	猜疑心《さいぎしん》	自嘲する《じちょうする》	寂寥感《せきりょうかん》	戦慄《せんりつ》	喪失感《そうしつかん》	そら恐ろしい《そらおそろしい》
諦観《ていかん》	煩雑だ《はんざつだ》	不本意だ《ふほんいだ》	憤慨する《ふんがいする》	辟易する《へきえきする》	慢心《まんしん》	物憂い《ものうい》	落胆する《らくたんする》	劣等感《れっとうかん》	狼狽する《ろうばいする》

■その他の心情語　30

不思議だ《ふしぎだ》	慌てる《あわてる》	必死だ《ひっしだ》	張り切る《はりきる》	緊張する《きんちょうする》	退屈だ《たいくつだ》	印象に残る《いんしょうにのこる》	ぼんやりと《ぼんやりと》	我慢する《がまんする》	耐える《たえる》
用心する《ようじんする》	恐れ多い《おそれおおい》	興味深い《きょうみぶかい》	名残惜しい《なごりおしい》	開き直る《ひらきなおる》	不可解《ふかかい》	驚異《きょうい》	仰天する《ぎょうてんする》	痛感する《つうかんする》	思案する《しあんする》
違和感《いわかん》	省みる《かえりみる》	関心を持つ《かんしんをもつ》	未練《みれん》	屈託ない《くったくない》	郷愁《きょうしゅう》	懐古《かいご》	追憶《ついおく》	万感の思い《ばんかんのおもい》	自尊心《じそんしん》

心情語リスト　～まずはこれを覚えよう！

■プラスの心情語　100

愛する《あいする》	憧れる《あこがれる》	有り難い《ありがたい》	安心《あんしん》	愛しい《いとしい》	羨ましい《うらやましい》	嬉しい《うれしい》	穏やか《おだやか》	落ち着く《おちつく》	思いやり《おもいやり》
面白い《おもしろい》	可愛い《かわいい》	感激する《かんげきする》	感謝《かんしゃ》	感心する《かんしんする》	感動《かんどう》	期待する《きたいする》	気遣う《きづかう》	気持ち良い《きもちよい》	頑張る《がんばる》
恋しい《こいしい》	好奇心《こうきしん》	興奮する《こうふんする》	爽やか《さわやか》	幸せだ《しあわせだ》	自信《じしん》	すっきり《すっきり》	素直《すなお》	尊敬する《そんけいする》	楽しい《たのしい》
照れる《てれる》	同情する《どうじょうする》	懐かしい《なつかしい》	誇らしい《ほこらしい》	ほっとする《ほっとする》	待ち遠しい《まちどおしい》	満足《まんぞく》	夢中《むちゅう》	優しい《やさしい》	喜ぶ《よろこぶ》
ワクワク《わくわく》	愛着がある《あいちゃくがある》	安堵する《あんどする》	意気揚々と《いきようようと》	癒される《いやされる》	意欲的だ《いよくてきだ》	有頂天《うちょうてん》	大らか《おおらか》	快感《かいかん》	軽やか《かろやか》
感慨《かんがい》	歓喜《かんき》	感嘆《かんたん》	感服する《かんぷくする》	感無量《かんむりょう》	共感する《きょうかんする》	興じる《きょうじる》	敬愛する《けいあいする》	好感《こうかん》	心惹かれる《こころひかれる》
心地良い《ここちよい》	快い《こころよい》	しみじみと《しみじみと》	充実感《じゅうじつかん》	親近感《しんきんかん》	清々しい《すがすがしい》	爽快だ《そうかいだ》	高ぶる《たかぶる》	痛快だ《つうかいだ》	時めく《ときめく》
和む《なごむ》	熱望する《ねつぼうする》	鼻高々《はなたかだか》	直向き《ひたむき》	奮い立つ《ふるいたつ》	朗らか《ほがらか》	ポジティブ《ポジティブ》	惚れる《ほれる》	前向き《まえむき》	満喫する《まんきつする》
満たされる《みたされる》	胸が弾む《むねがはずむ》	安らか《やすらか》	安らぐ《やすらぐ》	愉快《ゆかい》	夢心地《ゆめごこち》	喜ばしい《よろこばしい》	快適だ《かいてきだ》	畏敬の念《いけいのねん》	謳歌する《おうかする》
会心《かいしん》	恍惚と《こうこつと》	自負《じふ》	憧憬《しょうけい》	心酔する《しんすいする》	羨望《せんぼう》	堪能する《たんのうする》	陶酔する《とうすいする》	平穏《へいおん》	愉悦《ゆえつ》

■マイナスの心情語　130

呆れる《あきれる》	焦る《あせる》	怒る《おこる》	恐ろしい《おそろしい》	おろおろ《おろおろ》	がっかり《がっかり》	悲しい《かなしい》	可愛そうだ《かわいそうだ》	傷つく《きずつく》	気に入らない《きにいらない》
気の毒《きのどく》	恐怖《きょうふ》	嫌い《きらい》	悔しい《くやしい》	苦しい《くるしい》	後悔する《こうかいする》	心が痛む《こころがいたむ》	心苦しい《こころぐるしい》	心細い《こころぼそい》	困る《こまる》
寂しい《さびしい》	心配《しんぱい》	冷たい《つめたい》	辛い《つらい》	情けない《なさけない》	憎い《にくい》	恥ずかしい《はずかしい》	反省《はんせい》	不安《ふあん》	不気味だ《ぶきみだ》

良いところ探しをしよう

私の塾では「良いところ探しをしよう」という課題学習を定期的に行っています。家族や友人など身の周りの人や、偉人や有名人の「良いところ（長所）」を見つけてもらって、具体的に記していくという内容です。その際、私がこつこつと作り溜めた「ほめ言葉　辞典」を使ってもらっています。

日本語は微妙なニュアンスの類義語が多いことで知られる言語です。例えば、雨などの天気を表す言葉は４００語、色彩語は１０００を超えるとも言われています。それに対して、「ほめ言葉」の少ないことといったら驚くばかりです。日本人というものは古来より褒め下手なのでしょうね。

人の悪いところはなぜかすぐに目につくものです。そしてその欠点ばかりが気になって、イライラしたり、嫌いになったり。しかし、どんな人にだって、短所もあれば、長所もあります。悪いところばかりではなく、

「この人の、ここは凄いなあ！」

「こんなところが素敵！」

「この面は自分には無い良さだ。」

などと思える人は、対人関係でストレスを感じることが少ないでしょう。

とは言え、良いところに目を向けるのは決して簡単なことではありません。マイナスのパワーというものはいつも憎らしいほど強力で、油断すると批判や妬み、嫌悪など、負のブラックホールに引き込まれそうになります。だからこそ、「在るもの」や「良いところ」に目を向ける努力が必要なのです。「在るもの」や「良いところ」に気付き、認め、感謝ができたらもっと心穏やかに生きられるのではないか。そんな期待と願いからこの学習は生まれました。

ほめ言葉
辞典
adidas

寄稿

現代の日本社会と国語力

NPO法人教育キャリアプロデュース理事　三井貴之

今の中高校生や大学生を見ていると、ハイテクノロジーに支えられ、豊かな消費社会に身を置きながらも、その生き方がとても不器用に感じられることが多い。家庭や友人、職場などの人間関係において、哲学で言う「承認ゲーム（それぞれの存在を承認し合うことで人間の基本関係が成り立つルール）」がうまくいっていないように感じるのである。いわゆる自己肯定感がもてないとか、他人とうまくコミュニケーションが図れない人のほとんどが「承認の不全感」を覚えているのではないだろうか。

一方で、ネットや二次元などといわれる虚構の世界では過剰な承認ゲームが繰り広げられている。そしてそこではいつも匿名による嘘っぽさがつきまとうのだ。この傾向は、若者たちだけではなく、大人の世界にも広がりを見せている。日本社会全体が傷を癒し合う言葉で満ちたかと思えば、激しい中傷や罵声が飛び交う。過剰な承認のし合いと、認めてくれない人への過剰な怨恨や怨嗟。それらが何処へともなく噴出した結果、自分をわかって欲しいのにわかってもらえないという生き難さを与えてしまう。

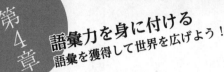

この「承認の不全感」は一体どこからやってくるのだろうか。その根幹にあるものは「言葉の不全感」であると私は考えている。それについて述べるには、「言葉」というものの本質や歴史について紐解かなくてはならない。そもそも私たち人間の、最大でおそらく唯一の特徴は「言葉」を使うということにある（音楽も人間特有のもので、大雑把にいえば言葉と音楽とは同じ仲間と考えることができる）。言葉は、料理を作るときに用いる包丁のような道具ではなく、共有し合って人間らしい価値観をつくるための大切なツールである。たとえば、「きれいな花ね」と言うとき、言葉は「花」を説明する上での単なる一道具ではない。「きれい」という気持ち（価値観）を人と共有するための手段となり得るものなのだ。包丁がなくとも料理はできるが、「言葉」がなければ人間らしい世界は形成できない。言葉に不信感をもつ人は、「言葉よりも気持ちだ」などと心に人間性を求めがちであるが、心とは言葉の住居であり、言葉のない心は人のいない空き家のようなものである。

ところで、私たちが共有する「言葉」といえば日本語である。書家の石川九楊氏によると、日本語とは漢字語・ひらがな語・カタカナ語の混合を指している。三つの語の組み合わせが日本語であり、そのあり方は日本文化や日本人の性格と深い関係があるという。もとより中国の言葉である漢字語は、政治や宗教・思想の世界を担い、和歌や物語に使われたひらがな語は恋愛や四季の事柄など日常生活の世界を担っていた。それが漢字語中心の男の世界と、ひらがな語中心の女の世界と関わり、さらに混合した日本文化を形成していった。そんな歴史を持つ日本語であるが、石川氏は、漢字語とその世界の衰退を危惧する。たとえば「愛」は漢字語であり、もっとも人間的で大事な「愛」を知るには漢字語の世界に馴染まねばならないという。言葉が内包する真の意味に触れてこそ、「愛」の本質が理解できるのだ。ところが今では、漢字語は読み書きの力だけが求められ、言葉の背景にある歴史や本義を学習する機会は少ない。石川氏の論に即していえば、ここ百年ほどの日本の歴史は、いかに漢字語の世界を否定するかにあった。漢字は制限され、旧かなづかいは消滅した。

先に「生き難さ」の問題の根幹に「言葉の不全感」の問題があると述べたが、それは、漢字語とその世界の衰退、引いては言葉の世界そのものの衰退とも深く関わっている。言葉によって他人と価値観を共有したり、あるときは議論したりしながら価値観を高めていく。そんな関係性をうまくつくりだせない人の何と多いことか。自分をわかってもらいたいと願うのに、それぞれが孤立したままなので、そのツールとしての「言葉」が他人に開かれていかない。それで独りよがりの言葉になってしまうのである。

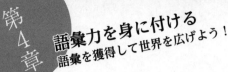

――日本人の国語力は惨憺たる状態に陥っている。

この状況を受けてそう述べたのは、教科書審議会の国語教科書委員を務めた文芸評論家の桶谷秀昭氏である。ここでいう国語力とは、単に文章読解力や表現力ではない。歴史を想う力であり、人々の声を聴く力であり、そして他者を理解する力でもある。「最近の子は漢字が読めなくて…」と嘆いている場合ではない。自分以外の人間のことがわからなくなり、わかろうともしなくなっている事態こそが問題なのである。

繰り返すが、現代人とりわけ若者たちの生き難さに根差すものは、漢字語の衰退や多用されるカタカナ語、略されてやさしさを失ったひらがな語（ウザいとかキモいなど）に挙げられる「言葉の世界の貧弱化」であり、それは現代社会の宿病のようなものだ。この件をないがしろにして、日本が国際社会に羽ばたくなどというのは絵空事であろう。私は日本語（国語）の専門家ではないので偉そうなことは言えないが、学生への指導を通してそう肌で感じている。

また、桶谷氏は次のように述べている。

「外国語の能力がその人間の国語力を上廻ることはありえないといふ。私もさう考へる。」

孫引きで申し訳ないが、私もそう考えている。

三井　貴之（みつい　たかゆき）

1953年生まれ　北海道出身・早稲田大学法学部卒業
札幌市立高校教諭を経て、東海大学・北海道医療大学非常勤講師（教職課程）・札幌藤女子中高等学校非常勤講師（社会科）を務める。NPO法人教育キャリアプロデュース理事

▼著書
「吉本ばなな神話」（青弓社　共著）
「村上スキーム　―地域医療再生の方程式―」（エイチエス出版）
「教育はどこにいくのか」（エイチエス出版）
「まんがで哲学しよう」（宝島社）

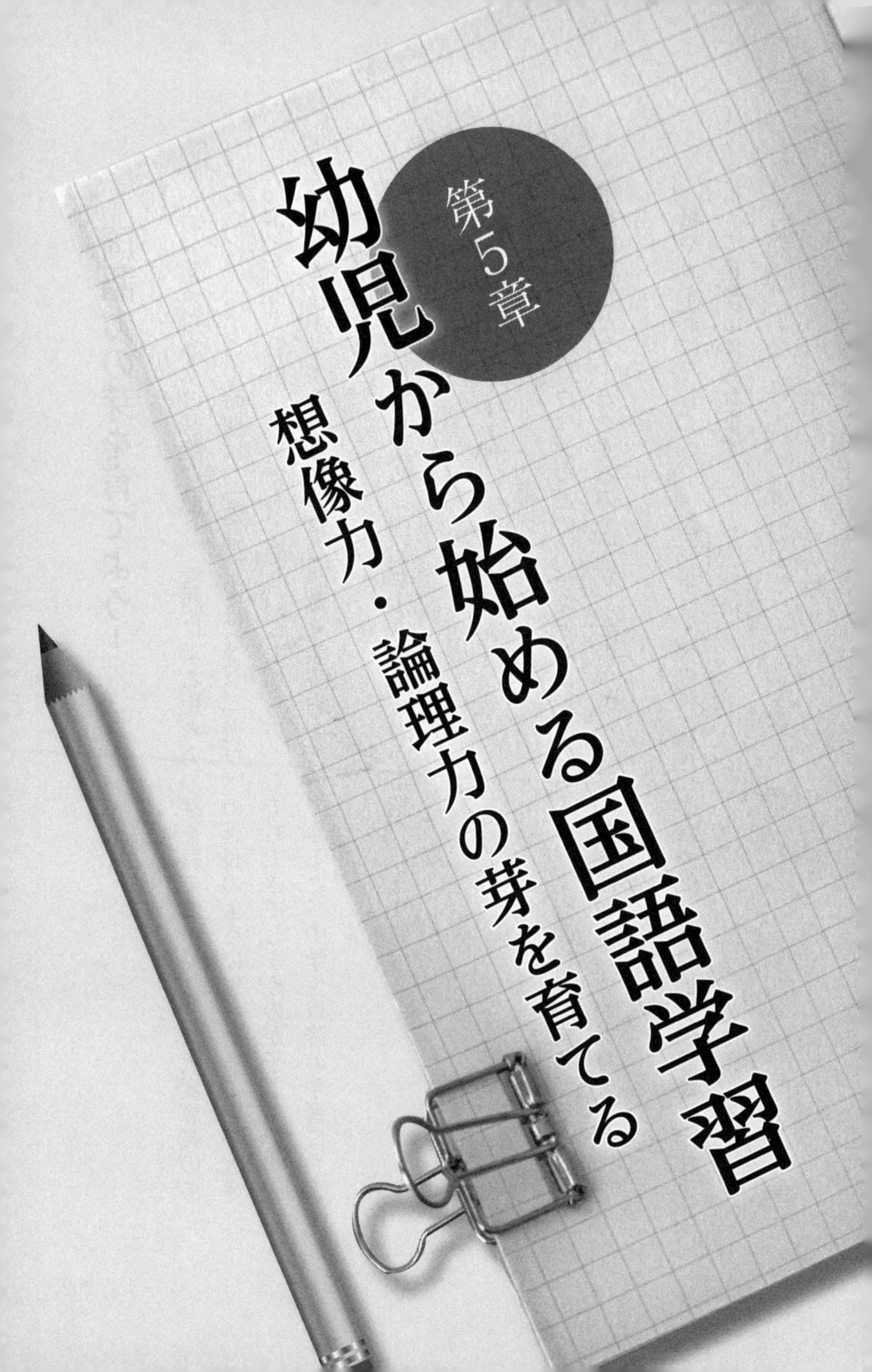

第5章

幼児から始める国語学習

想像力・論理力の芽を育てる

国語力の芽を育てよう！

幼少期から多くの言葉に触れ、言語による思考力の芽を育てていくことは大変意義のあることです。この時期は、「勉強」ではなく、「遊び」の延長のように思わせることが大きなポイント。勉強は嫌いでも、楽しいことならいくらでもできてしまうのが子どもです。幼児期から小学生のうちに豊富な語彙と表現力を習得できると、中学生以降の学習にも大いに活きてきます。

ご家庭で気軽に取り組める国語ゲームをいくつかご紹介しますね。

擬態語ゲーム

我が家ではハロウィンなどのイベント時にホームパーティーを開いています。その際、娘や姪たちとゲームをするのですが、その中の一つに「擬態語ゲーム」があります。

紙やカードに、もくもく・ぎらぎら・ぺらぺらなどといった「擬態語」を書き、それを折って箱や缶に入れます。

子ども達は一枚ずつカードを引き、書かれている擬態語を使った文を考えて発表するのです。その際、主語（誰が・何は）と述語を必ず入れるように促します。例えば、引いたカードが「しくしく」だったら、

「迷子になった女の子が、しくしく泣き出した」など。

正しく言えたらご褒美のお菓子がもらえる、なんていう決まり事を作っておくと楽しめますよ。

「（猫の鳴き声）ニャーニャー」や、「（ドアをたたく音）ドンドン」などは実際の音声を言葉にした「擬音語（擬声語）」ですが、「擬態語」は、音声ではなく感覚的に状態や様子を表現した言葉。例えば、「水をゴクゴク飲む」の「ゴクゴク」は擬音語です。実際に水を飲む際、喉のあたりで出ている音を似せて表現したものです。一方、「文章をすらすらと書く」の「すらすら」は擬態語です。文章を書く際、手元から「すらすら～」という音は実際に聞こえてきませんよね。淀みなく流暢に書いているという行為をそれらしく表現している言葉です。

日本語はこの擬音語や擬態語が多い言語で、一万語を超えるとも言われています。学校ではこれらについて特別詳しくは学習しないのですが、この擬態語は日本語における文章

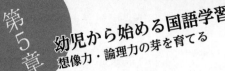

表現を豊かにしてくれます。例えば、

・ベッドで赤ちゃんが眠る。

・ベッドで赤ちゃんがすやすや眠る。

どうでしょうか。前者よりも後者のほうが、赤ちゃんが深く眠りについている様子が浮かんできませんか。多くの擬態語を覚えて使っていくことで、文章がより活き活きとしてきます。

この「擬態語ゲーム」。遊びを通じて擬態語を覚えられるだけではなく、主語・述語などの文型も体得できますよ。

第5章

幼児から始める国語学習

想像力・論理力の芽を育てる

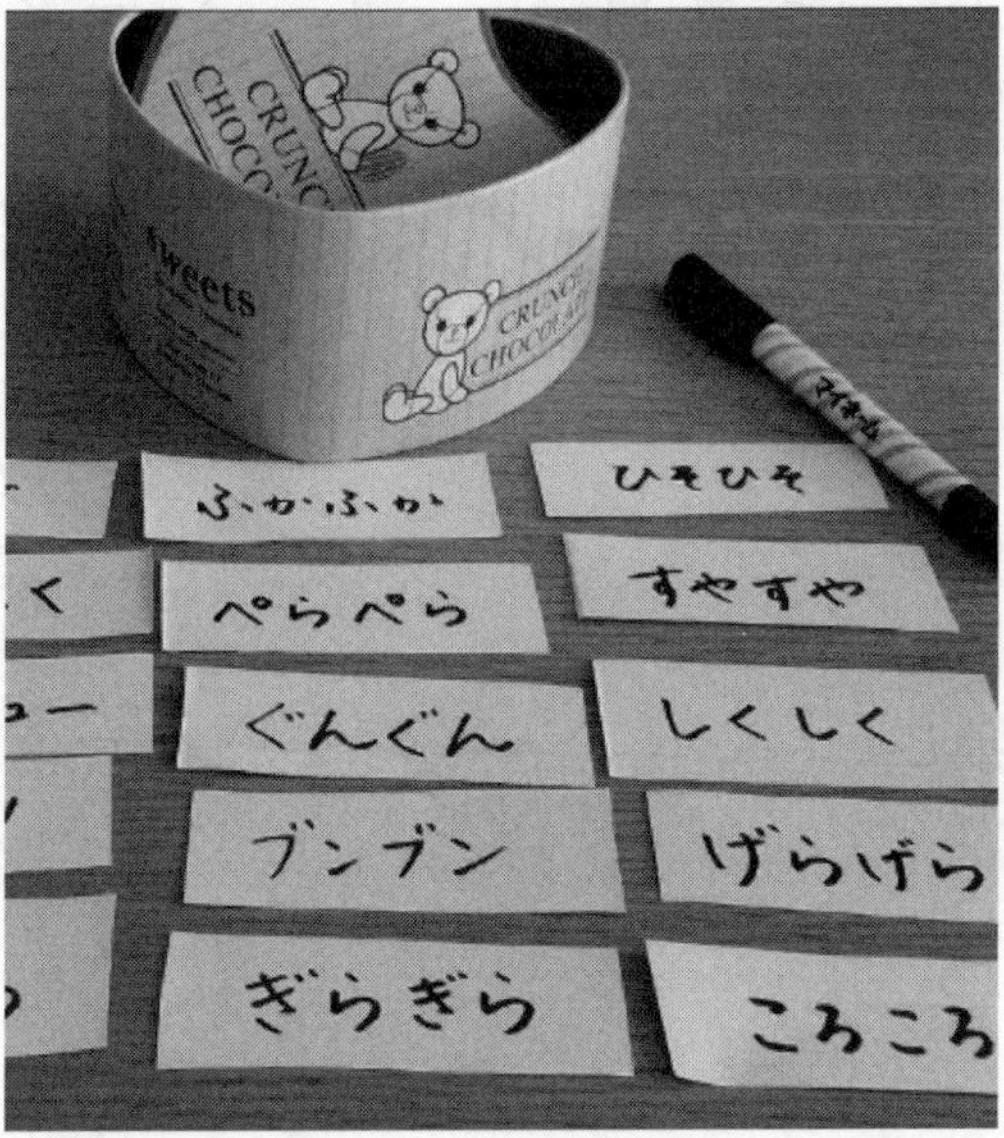

「わたしは誰でしょう」クイズ

これも娘や姪とよく行う遊びです。私の予想以上に二人がハマってしまい、「クイズを出して！」といつも催促されます。やり方は簡単。何か言葉を決め、その言葉を導きだすようなヒントを三つ出します。

具体的に例を挙げますね。

私は誰でしょう？
ヒント① 私は暗闇が好きです。
ヒント② 私には翼があります。
ヒント③ 私は逆さまになるのが得意です。

難しいものから易しいものへ、抽象的な事柄から具体的な事柄へ、または広義から狭義になるように配慮しながら、ヒントを出していきます。一つ目のヒントで正解したら三ポイント、二つ目で正解したら二ポイント、三つ目で当たったら一ポイントとします。答えを間違えてしまったら、次のヒントで解答することができません。

すでにお解りでしょうが、クイズの答えはコウモリです。

一つ目のヒントが簡単すぎると、すぐに正解を出されてしまうので面白くありません。例えば前述の例では、③の、「私は逆さまになるのが得意です」というヒントを先に出してしまうと、勘の良い子はすぐにわかってしまいます。また、ヒントが下手だと最後まで答えが絞り切れず、解答者からブーイングが…。

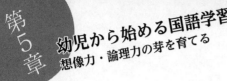

ヒント① 私は動物です。
ヒント② 私は毛が生えています。
ヒント③ 私はりんごが大好きです。

右の問題の答えを考えてみてください。毛が生えている動物でりんご好き。どうでしょうか。このヒントだと答えの候補があり過ぎて、これだ！というものに辿り着けませんよね。やってみるとわかりますが、問題を出す側も結構頭を使うのです。

遊んでいる子どもたちは全く意識をしていませんが、このクイズは想像力と論理的思考力が鍛えられます。また、具体から抽象化、抽象から具体化という考え方が自然と体得できるのが大きなメリット。さらに、「聞き直しはダメね！」と注意をしてから始めると、子どもたちは集中して聞こうとするので、聴く力のトレーニングにもなりますよ。

楽しいレクリエーションの一つとして、ゲーム感覚で気軽に取り組んでみてください。

主語・述語・修飾語カード

文字が読めるようになった幼児や小学校低・中学年にお勧めのゲームです。

最初に、十組程度の主語・述語・修飾語カードを作ります。市販のものもありますが、ご両親自らカードをつくるのが大きなポイント。お子さんが楽しく取り組めそうな言葉を書いていきましょう。例えば、本人の名前やご家族、お友達の名前、好きなアニメキャラクターの名前などを書くと世界に一つだけのカードが完成します。

■主語カード…誰が・誰は・なにが・なには

例　わたしが／ぼくは／ねこは／おかしが…

■述語カード…なにをする・どうした・なにだ

例　はしる／なく／わらった／おばけだ…

■修飾語カード…述語を詳しくする（連用修飾語）

例　ゆっくり／しくしくと／たくさん…

用意ができたら、その中からまずは「主語」を探し出して横一列に並べてもらいます。

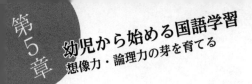

次に述語を探して、先ほどの主語と組み合わせます。この主語と述語こそ、文の構成における根幹です。組み合わせは何パターンもできますが、どれかをお子さんに選ばせて固定してください。

最後に修飾語を選ばせ、主語と述語の間に入れてもらいます。

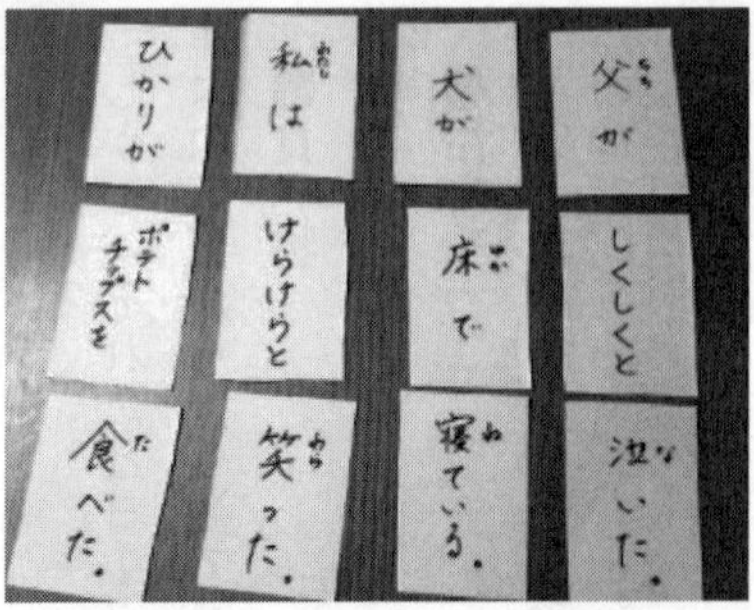

このゲームは、主語・述語・修飾語という概念を、パズル感覚で楽しく学んでもらうのが目的です。国語の答えは一つだけとは限りません。「やわらか頭」いわゆる柔軟性を身に付けてもらうのもねらいの一つ。百円ショップで無地のカードをたくさん買っておいて、二回目以降はお子さんと一緒に作ってみるのもおもしろいでしょう。

連想スリー（ファイブ）

カードに物の名前をいくつか書いて伏せておきます。トップバッターがカードを引き、自分だけがカードの内容を見ます。そしてその言葉から連想できる事柄を三つ発表していきます。他の人はそのヒントを聞き、答えは何か連想します。誰かが答えられたら、ヒントを出した人も答えた人もそれぞれ得点がもらえるというゲームです。

例えば、
「豆腐」と書かれたカードを選んだとします。
引いた子は次のようなヒントを出しました。

●やわらかい
●白い
●食べ物

しかし、それだとヨーグルトとかアイスクリーム、大福なども答えの候補に挙げられますよね。だから誰も当てられず、なかなかクリアすることができません。

●食べ物
●白い
●冷ややっこ

というヒントだとどうでしょう。答える側としてはお題である「豆腐」がイメージできるようになりましたよね。

「連想スリー」がまだ難しければ、ヒントを五つまで出せる「連想ファイブ」にしても良いかと思います。

ルールを子どもに説明する際は、まず「一番大事な情報から言う」ということを教えます。大きな「分類（仲間）」を最初に言うとわかりやすいよ、と前置きするのです。つまり抽象的なことを先に言います。

例えばお題が「消防車」だったら「乗り物」、「カブトムシ」だったら「昆虫」というように。最初は細かすぎたり、逆に大雑把すぎたりして、三つのワードを無駄づかいしてしまう子どもたちですが、そのうち少しずつ慣れてきます。何事もやはり練習なのです。

このゲーム。ある物に対して様々な想像を巡らす力や、的確な説明力を身に付けることを目的として考案しました。車中などで「ゲーム」として取り組んだり、国語のトレーニングとしてノートに書き出して練習したりするのもよいと思います。

修飾語ゲーム

学習塾で講師をしていた時、小学生の授業の合間にこんな遊びをしていました。

黒板にものの名前（名詞）を書いて、それを形容する言葉を生徒たちに順番に言ってもらうという「修飾語ゲーム」です。

例えば、私が黒板にお題として「りんご」と書いたとします。すると生徒たちは、「赤い」「つやつやの」「丸い」「美味しそうな」「青森産の」などと、「りんご」に繋がる言葉を一人ずつ言って、パン・パンと二回手をたたきます。言う人以外の生徒たちは、すぐに「りんご」と言って、同じくパン・パンと手をたたきます。

Aさん：「**赤い**」（パン・パンと手拍子）
みんな：「りんご！」（パン・パン）
Bさん：「**つやつやの**」（パン・パン）
みんな：「りんご！」（パン・パン）

Cさん：「おいしい」（パン・パン）
みんな：「りんご！」（パン・パン）

あくまでもゲームなので、なるべく止まらずにテンポよく言っていくのがポイントです。いくつかのお題でゲームを進めた後、「ある語句を詳しく説明する言葉のことを修飾語と言います」と教えます。「赤い」「つやつやの」「おいしい」などは、そのりんごがどういうりんごなのか、「りんご」という語句を詳しく説明する「修飾語」なのですよ。挙がった言葉を例にして具体的にそう教えていきました。

口頭でも簡単にできるので、待ち時間や移動時間などにでもぜひ試してみてください。表現力や言葉のセンスも磨かれて、一石二鳥の遊びです。

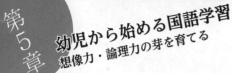

気持ちカード

お子さんに本を読んで聞かせる際、

「この時のくまさんはどんな気持ちだっただろうね。」

などと、登場人物の心情を考えてもらいます。と言っても、まだ気持ちを言い表すことができない場合もありますよね。その際は「気持ちカード」を使います。次頁の写真のように、イラストの下に心情語が書かれているものを用意しましょう。絵本を読みながら、

「この時のくまさんの気持ちはどれに近いかな。」と聞き、お子さんにカードを探させて欲しいのです。文字が読めない場合はイラストを見ながら選んでもらって構いません。


この気持ちカードの元となる教材は、インターネット上でも無料ダウンロードが可能です。なかなか便利で良いと思いますが、これでも心情語がまだ不足しています。もっと数があって例文も添えてあったら、さらに役立つものになるのではないかと思っています。人の行動には心情が伴うということ。自分自身の感情。他者との感じ方の違い。幼児期にそれらを知ることは成長していく上でとても重要です。この時期にたくさんの心情に触れることで、豊かな感受性を育てていって欲しいと願います。

第5章 幼児から始める国語学習

想像力・論理力の芽を育てる

わくわく体験を作りだす

子どもにとって世界は「ドキドキわくわく」の宝庫です。

この「ドキドキわくわく体験」は、子どもの好奇心や感性を成長させていく糧となります。

同じ景色を見ても何も感想が残らない子もいれば、たくさんの発見をする子もいます。

これらの違いが作文を書く際のベースの違いにも繋がります。

指導者は、文章作法や構成、テクニックなどを教えることができても、

- **何について書くのか（題材）**
- **どう感じたのか**
- **体験を通じて何を得たのか**

…などは、書く本人に委ねるほかありません。考えるヒントは出せても、

「桜を見て感動したんだよね？」

「思いやりの心が大事だってわかったんだよね？」

などと押しつけたり、決めつけたりすることはできないのです。

何を見て、何を感じ、何を得たのか。

それは子ども自身の捉え方や姿勢に拠ります。この視点を育てる1つが、日頃の「ドキドキわくわく」体験です。お母さんが一緒にいるとき、出掛ける時、意識して声を掛けてやるとよいでしょう。

「桜の花びらはどんな色かな？」

「今の鳴き声、何の鳥だろうね？」

「今の季節は水は冷たいのかな？触ってみようか！」

「どうしてここにカタツムリがいるのかな？」

などと、うまく子どもの好奇心スイッチを入れてやるのです。大人である自分はわかっているからと言って、「それは常識！」というスタンスで子どもに接すると危険です。知識はあるものの感性が乏しい、いわゆる頭でっかちの子になってしまうので注意してください。お子さんの答えを聞いたら、「お母さんはこう思う」「お父さんはね…」と、感じたことを話してあげましょう。

インタビュー

根本にあるのは国語力
～数学のプロから見た国語

現役の数学教師であり、「日本STEM教育学会STEAM教育研究会SIG」の研究代表者でもある下郡啓夫先生にお話を伺いました。

▼坂本　下郡先生は現在、学生さんに数学を教えていらっしゃいますよね。数学と国語は真逆の学問というイメージを持つ人も多いと思いますが、数学にも国語力が必要ですよね。具体的にどういう点で必要なのかを教えてください。私の経験から言うと、理数系が得意な子は「評論」が読み解けても、「小説」「物語」は苦手という傾向がある気がします。

▼下郡　例えば、数学の文章題に関して言うと、「設問の内容を理解できる」という問題理解の過程と「数学の問題として解決できる」という問題解決の課程、二つに分けて捉えることができます。

まず数学における問題理解ですが、これは二つのステップに分けることができるんです。最初のステップは、問題文を構成する1文1文をしっかりと理解するステップです。文章

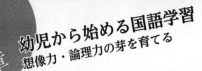

を理解するためには、日常生活に関する言葉はもちろん、数学の専門用語の理解も必要です。ですから、問題を読むために必要な知識があるかどうかがカギになります。そのうえで次のステップへ進みます。一つ一つの文の意味を考えたとき、全体ではどのような関係性になっているかを捉えるステップです。日本語の世界を数学の世界で捉え直して、その数学の世界で考えることになりますので、この点だけをみると、国語との関係性は本当にあるのかな、と思われるかもしれません。ところが、ここでは1文1文の関係性を捉えていきますので、「文章がどのような構造になっているのか」を考える必要があります。そして、その関係性をもとにしてある結論を見出すのですが、それは「筋道をたてて考える」という意味で論理的思考力が必要になります。ここでの論理的思考力は国語、数学に共通のものだと思います。その他、1文1文の関係性を捉えるのに、図表に表すこともしますよね。この点でも、1文1文の関係性はもちろんのこと、そこからある法則・規則性を見出すという意味では、やはり論理的思考が必要になるんです。

坂本先生が、理数系が得意なお子さんは「評論」が得意とおっしゃいましたが、数学の得意な学生は、問題理解の過程で、問題文の本質を掴み、文章に登場している事物の関係をすぐに捉えることができるんです。その「事物の関係を捉える」感覚は、評論文の読み解きと似ているものがあります。一方、小説や物語でも、もちろん登場人物がその場面でどのようなことをしていたという事実が書かれていますし、その事実の因果関係を捉えるにあたって論理的思考が求められるところです。ただ、その事実の関係性に、筆者の心情、登場人物の過去の経験からのモノの捉え方といった、感情面での解釈という要素が入ってきます。これは一つの論理性では読み解けません。

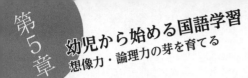

今後、国語と数学をしっかりと伸ばしていく教育をしていく場合、自分の感情・解釈を入れないで、事実だけをしっかりと捉える訓練、またその事実がどのような関係になっているかを整理する論理的思考力の訓練が必要だと思います。そのうえで、一つ一つの事実にどのような思い、心情が込められているのか解釈し、事実の因果関係との関係性を理解するというもう一つの訓練を重ねます。この方法論は、私の研究分野の一つでもある「イノベーション」から見ても重要です。実際、イノベーションを考える時、市場および社会で起こっている事実がどのように時間的に変化しているのか、整理する力が必要です。その上で、その事実の変化は「こんなふうに世の中の人たちのニーズがあったからこそじゃないか」と解釈できることが求められるんです。そのみんなの思いがあるなら、今後こんなことが求められるのでは、とニーズを捉え、必要な何かを生み出していくんです。

長くなりましたが、数学やイノベーションという観点から見ても、坂本先生が「みがく」の中で新たな教材や学習方法を生み出していく上で大切にされている国語の指導アプロー

チはとても大事な教育手法だと思います。

▼坂本：ありがとうございます。イノベーションという言葉が出てきましたが、下郡先生は「ＳＴＥＡＭ教育」の研究をなさっていますよね。「ＳＴＥＡＭ」とは、Ｓ（科学）、Ｔ（技術）、Ｅ（工学）、Ａ（アート）、Ｍ（数学）の頭文字を取った造語で、様々な分野の横断的な学びとともに、それらを応用し、社会的課題の解決をはかることができる人材育成に力を入れる教育方針です。プログラミング教育などで展開される教育実践事例が多く知られていますね。理数系分野に特化した教育に感じてしまいますが、この「ＳＴＥＡＭ教育」も国語力に関係しているのですか。

▼下郡：大いに関係します。プログラミング教育のベースになっており、ＳＴＥＡＭ教育とも親和性の高い学習モデルの一つに、シーモア・パパート氏が提唱した構築主義というものがあります。この構築主義というのは、緻密に計画を立てるよりもまず、自身と向き合いながらアウトプットすることを大事にしています。当然、頭によぎった考えも大事なのですが、それは氷山の一角にすぎません。自分の脳裏に眠っている、潜在的な考えをいかに引き出すかが大事で、その一環でまず形にしてみようということなんです。また、自分の思いをアウトプットしておくと、さらにメリットがあります。それは、他の人がそ

れをみて、「これは素敵！」「これはこの点を修正するといいんじゃない？」といったフィードバックがもらえるんです。そうすると、自分が気づかなかった観点なども得られますし、そこから新たな課題を見出して、次に取り組むこともできるんですね。これは、自分のものの見方を広くするだけでなく、他の人の視点を得ることができることで、他者理解にも繋がるんです。

このような他者理解を進めていく方法論は、国語でも一緒ではないでしょうか。ただ、プログラミング教育などでは、その対話が、例えばプログラミング文から出力されたものを考察・対比する作業など、事実を捉える訓練が中心となります。つまり、そこに事実に対する心情の解釈という側面はあまり入ってこないと思っています。その部分をうまく広げられるのが、国語のよさではないでしょうか。

▼坂本：新たな発想やアイディアから新たな価値を生み出す、いわゆる「イノベーション人材」を育てていくために、幼児期から留意しておくことはありますか。

▼下郡　遊びや経験は大事だとよく言われますよね。でも、ただ遊ばせて終わりで、そこで得た知識や気づきをそのままにしておくのはもったいないと思います。遊びで得た知識をまとめて、思考力などに結び付けていくことが大事です。わくわく感を尊重して、「こ

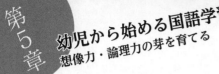

れはどういうことなんだろう」と探求しながら、自分なりの仮説を立てる。「ああ、なるほど。やっぱりそうだったんだ！」と発見の扉をどんどん開いていって、それが楽しみに繋がっていく。だから、体験をいかにしてまとめていくか、思考力を高めていくかということなんです。これからは、そういった仕組みを作り出す教育がもっと求められるべきだろうなと思います。

では、どうやって高めていくかなのですが、例えば、対話を通してお互いを比較してみるとか、「全体と部分」など、様々なものの見方を体験することで、多角的に考える視点や論理的思考力が徐々に獲得できるのだと思います。三段論法ってありますよね。ああいう論理力のトレーニングをいかに幼児期にやるかだと僕は考えているんです。「何々はこうだよね。だけど、この時にはこうなるよね。じゃあ最初から考えるとこうなるよね」なんていう具合に、論理の筋道と整理の仕方を覚えていく。そのスタートは幼児期からで、その延長上に思考の枝を少しずつ伸ばしていく。それが理想の形だと思うんです。

さらにキーワードとして捉えていただきたいのは、「自己肯定感」「自己調整力」です。「自分は苦手で…」「全然駄目で…」と蓋をしてしまうと成長しにくくなる。子どもが言ったことやしたことに対して「すごいね」と褒めてあげることで、子どもの中に他者評価が入ってくる。それによって、自分を受け止めてくれるのだという安心感が生まれます。そうなると失敗を恐れずに、どんどん物を言っていくことができるし、それがアイディアや自由な発想にも繋がっていくようになるんです。「こういう自分でも受け止めてくれるのなら、自分も相手を理解しなきゃいけないな、仲良くしていこう」というように、自己理解が他者理解に繋がって、協調性というものが生み出されていく。その原点は親子関係なんです。お母さんやお父さんとのやり取りが社会性にも繋がっていく。だからこそ、いかに子どもの自己肯定感を生み出すかが一つの鍵なんです。

また、協調性を育む中で自分の感情をコントロールできることは重要であり、その意味で自己調整力は必要です。そして、人間の意志力を補完する上で、行動を習慣化することも大事です。ウォルター・ミシェルは著書『マシュマロ・テスト』の中で、幼稚園児のときにすでに自制心があること、また、自制心の強い子どもは、何十年後かに成長したときに、あらゆる点でパフォーマンスが高くなるということを示しています。

遊び体験で得た知識を「論理力」に昇華させ、自制心を育んでいくための学びのプロセスを習慣化させていく。それがこれからの幼児教育に求められることだと思います。

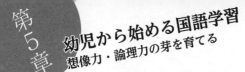

下郡　啓夫（しもごおり　あきお）

函館工業高等専門学校一般系教授

日本STEM教育学会STEAM教育研究会SIG研究代表者

芸術思考学会会長

数学教師として教壇に立つ傍ら、文部科学省委託事業『グローカルな人材育成に資す国際協働型プロジェクト学習の効果に関する調査研究』のリーダーとして研究を行う。また、文部科学省の調査研究事業である「新時代の教育のための国際協働プログラム」に参画し、現在、STEAM教育の調査・研究を行っている。さらに、芸術思考学会において、ハーバード大学教育大学院ハワード・ガードナー元教授の提唱する多重知能理論と創造性理論、Good Work に関する研究を進めている。

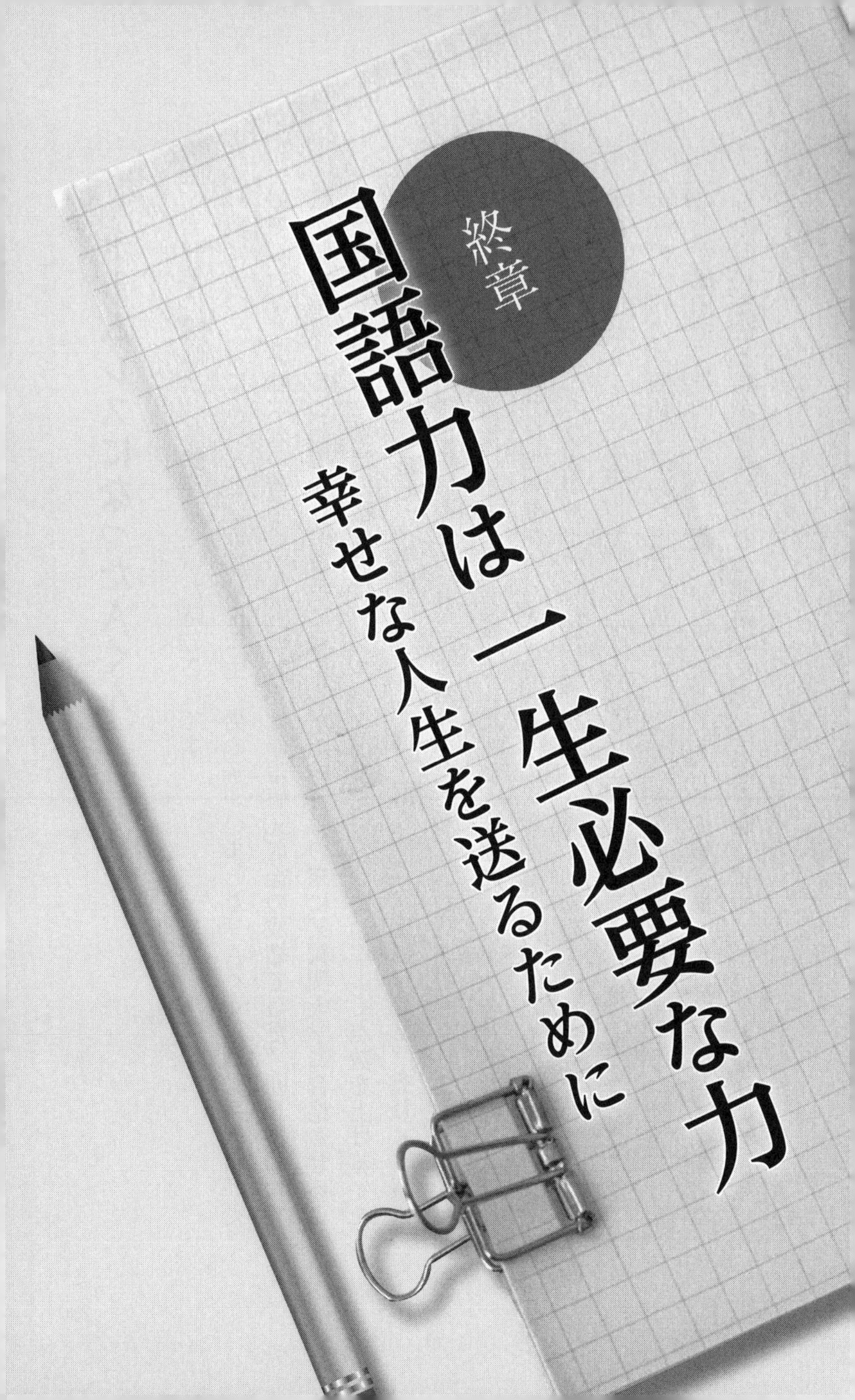

終章
国語力は一生必要な力
幸せな人生を送るために

ホームレスになったAくん

学習塾に講師として勤務していた時のことです。
教え子の一人にAくんという高校三年生の男の子がいました。Aくんは理数系教科が得意でしたが、国語は大の苦手。いつも模試では偏差値50前後の成績でした。回りまわって私が個別指導することになり、筆舌に尽くしがたい苦労の末に某難関大学に合格させることができたのです。当時の私は受験テクニック重視で、いかに効率よく点数を上げるかを追求した指導をしていました。「国語のテストは、慣れてコツを掴むこと。そして情報処理力を最大限に発揮して解くように！」と熱弁を振るっていた時期でもあります。

Aくんは大学卒業後、とある大手メーカーに就職しました。難関大学に合格し、大手企業に就職。ここまでは順風満帆にも思えたAくんの人生でしたが、それも長くは続きませんでした。Aくんの友人が教えてくれたのですが、Aくんは勤めていた会社をわずか半年足らずで退職し、その後ホームレス生活を送っていると言うのです。聞くところによると、会社の上司に「要領が悪い」と言い放ったことや、先輩や同期を見下すような発言をしたことが原因で、社内いじめに遭ったとのことです。その後、ある会社でアルバイトをしたものの、先輩と馬が合わないとの理由でまたしても退職します。ついにお金が底を尽き、住んでいたアパートを追い出され、K県の駅構内で寝泊まりしているのだと言うのです。ご両親がどうしているのか、どう思っているのかはわかりませんが、もともと仲が良くないと本人から聞いていたので、きっと親には頼れなかったのでしょう。

その話を聞いた時、目の前が真っ暗になるほどショックでした。そして、頭のどこかに、「Aくんならやりかねない」という思いがあったのも事実です。指導していた当時から、

「あの先生は無能だ」

「あいつら（同級生）みたいな低次元の奴らと話したらバカが移る」

などと批判していたのを何度も聞いたことがあったからです。その時の私はAくんを志望校に合格させることが最優先事項だったので、そんな言葉を聞き流していました。大して重く受け止めていなかったのです。

目が覚めた思いがしました。私が今まで教えてきたことは一体何だったのだろうか、と。

要領や効率だけが全てではないよ。

意見を言うのは良いけれど、相手の気持ちを考えた言い方をするんだよ。

なぜそうなったのか、客観的に、論理的に考えることが大事だよ。

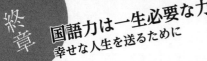

Ａくんにどうしてそう教えてあげられなかったのか。今まで熱心に指導してきたのは、何のための「心情把握」だったのか。「論理」だったのか。私は、Ａくんが信頼していた数少ない大人だったはずなのに。当時、最も身近な存在だった私なら教えてあげられたのに。私は自分を責めました。そして真っ白な心でもう一度考え直したのです。仕事を通して自分に何ができるのだろうか、私の役割とは何なのだろうか、と。

学習塾の存在を否定するつもりは毛頭ありません。目標に向かって努力する生徒たちを学力の面でサポートするのが塾の存在意義であり、私も使命感を胸に講師を務めてきたつもりです。今まで理解できなかったことが解るようになったときの、子どもたちのキラキラした瞳や達成感に満ちた表情が大好きでした。生徒たちと一緒に乗り越えてきた日々は今でも私の宝物です。講師の仕事に夢も誇りも持っていました。しかし、その反面、国語のテストで点数を取れることと、その子に国語力が備わっていることは本当にイコールなのか。小学生の頃から点数や偏差値を上げることだけに躍起になるのは果たして意味のあることなのだろうかと心のどこかでいつも感じていたのは事実です。Ａくんの件で、その疑念が心を占め、ついには溢れ出してしまいました。

Ａくんがその後、どこで何をしているのかわかりません。とにもかくにも元気に暮らしていることを願ってやみません。

「国語専門塾みがく」を立ち上げた理由

Aくんの件があったちょうどその頃、東京で会社を経営するT氏から「札幌で関連会社を立ち上げる予定だ。その代表になって、経営学を実地で学んでみないか。」と声を掛けられていました。当時､私は講師業のかたわら､妹の経営する飲食店の経理や運営を手伝っていて、その縁でT氏と知り合ったのです。資本金や運転資金はT氏が出し、私は会社実務のみ行うという、今考えても夢のような条件です。こんな経験はなかなかできない、千載一遇のチャンスだと感じた私はその話を快諾しました。こうして、しばらく講師の仕事から離れ、経営者として日々奔走したのです。

私が立ち上げた会社は、T氏の経営する企業の子会社的な位置付けであり、健康関連の業務が中心でした。一般のお客様に運動指導や栄養指導を行って健康管理とサポートをするのが主な仕事です。その一方で､専門家のいる大学に出向いて「酸素学」について学び、その研究結果を伝えるために、講師として日本全国を飛び回りました。

その間、多くの紆余曲折を経て、最終的には大人向けのカルチャースクールとして業態を転換させます。運動系やアート系、教養など、様々な内容を発案・企画して二十近くの講座を開講しましたが、それも順風満帆とは決して言い難いものでした。引き続き、出張講義を行いながら何とか会社を存続させる苦しい日々を送ります。

カルチャースクールに生まれ変わって一年が過ぎた頃には、受講生が集まる講座と閑古鳥の鳴く講座とに二分化されていました。前者の一つで、私自ら講師を務めたのが「聴く力アップ講座」です。それまでは小学生や高校生を中心に国語を教えてきましたが、社会人に教えるのは初めてのこと。最初は戸惑いましたが、いざ授業を進めると、大人であっても子どもであっても「教える」ことの本質は同じなのだとすぐに気づきました。

それらの経験を経て、私の中で日に日に募ってきたのは「教育畑に戻りたい」という思いです。会社設立から4年目、体調不良が原因でT氏が経営を退いたことを機に、私は会社を凍結させることを決意します。もともと自分で資金を用意せずに立ち上げた会社です。スポンサーがいなくなったからと言って存続が危ぶまれるような会社に未来はありません。手腕や能力以前の問題として、私には経営者としての自覚も覚悟も希薄だったのだと思います。このカルチャースクールで最も人気のあったヨガ講座の講師であり、こんな頼りない私を設立時から支え続けてくれた小林克也さんと共に、一からの再出発を誓ったのでした。

終章　国語力は一生必要な力
幸せな人生を送るために

二〇一〇年の春。自分たちで銀行からの融資を受け、自分たちで運転資金を調達して、新組織をスタートさせます。このいたって当たり前のことを今まで何一つしてこなかった私たちにとって、この頃は苦しいながらも気力に満ちた日々でした。幸いなことに、若い頃から人には恵まれており、いつも手を差し伸べてくれる方々が大勢いました。素人経営者の私でも何とか生きてこられたのは、周囲の方々のサポートがあってこそだと感謝しています。

当初は、小林さんのヨガスクールと私の国語塾の二本立てで運営していました。しかし、数年後、どちらの仕事も軌道に乗ったこともあり、小林さんは「ヨガスタジオミガク」として、私は「国語専門塾みがく」として、それぞれ独立します。

その後は、教室の運営に邁進しました。生徒が増えるにつれ、出張講義の依頼も増えていき、幼稚園や小中高校、大学、企業などで国語に関する授業を担当させていただくようになりました。「酸素学」の講師として、また、「聴く力アップ講座」の講師として、幅広い年齢層の方に教えた経験は、指導者としてのスキルを大きく引き上げてくれました。人生、寄り道はするものですね。どんな道も、全てが今の自分に繋がっているのだと痛感しています。

「国語専門塾みがく」は、いわゆる「進学塾」ではありません。一生ものの国語力を培っていくことに主眼を置いた学習塾です。「社会人になっても役立つ、本物の国語力を！」という強い信念と願いを込め、子どもたちの未来を見据えた学習を行っています。

ここ「みがく」には小学校低学年から高校を卒業するまでの長きにわたって通ってくれている生徒が多く、一人の生徒の成長過程を継続して見届けることができるのが嬉しいところでもあります。十年近く顔を合わせていると、もはや生徒たちは自分の娘であり息子のような存在です。入塾当初は自分の意見をはっきりと言えなかった子が生徒会長となって全校生徒の前で堂々とスピーチをしたり、音読がうまくできなくてすぐに泣きだしていた子が、今や教育大学で教師になるべく勉強をしていたりする姿を見ていると、国語という教科の「芯」をしっかりと学ぶことがいかに大切かを改めて感じます。

何のために国語を学ぶのか

何のために勉強をするのか。
何のために国語を学ぶのか。

誰しも疑問に思ったことがあるのではないでしょうか。

いわゆる「偉い人」になるために勉強をしているわけではありません。お金持ちになるためでも、良い仕事に就くためでもありません。たった一度しかない人生を、幸福に生きるために人は学ぶのだと私は考えています。

この世界には自分以外の人間（他者）が存在します。他者と共に生きることを避けては通れません。他者との関わりが皆無の状態で生きていくことはできないのです。相手に伝え、相手から思いを受けとるためには人とコミュニケーションを図る必要があります。そしてその手段として私たちは「言葉」を使います。書く力や話す力が必要になることもあれば、聴いて理解する力や読み取る力も要るでしょう。受け入れても拒んでも、人間はそうやって他者と繋がりながら日々を生きているのです。

他者と生きる世界の中で自分自身を見つめ、感じ、思考しながら人生の舵を取っていく。そのための手段として国語を学びます。人生の岐路に立たされた時に論理的に考え、決断できるように。大切な人の心に寄り添い、支えることができるように。そのために言葉を蓄え、論理を学び、心情を汲み取る練習をするのではないでしょうか。

大切なあなたへ…

国語専門塾を開校した年、一番近くで応援してくれていた母が他界しました。最近では、我が子同然に可愛がっていたペットの犬を亡くしました。人生は楽しいことばかりではありませんね。一寸先も見えないぐらいの漆黒の闇にぽつんと一人取り残されたような気になることもあります。寂しくて苦しくて、生きている意味さえわからなくなることもあるかもしれません。しかし、そんな時こそ論理的に考え、心の眼で感じて欲しいのです。光と闇は表裏一体。光あっての闇なのに、知らず知らずのうちに暗部にばかりに目を向けていないだろうか。闇の渦に足を搦め取られていないだろうか、と。そしてゆっくりでいいので、自分の周りに溢れている「在るもの」に目を向けてみてください。自分はたくさんのものを持っていて、できることがまだまだあると気付くはずです。

感性と想像力を磨いて、日々の中から多くの気付きを得る。

人と信頼関係を築きながら、感謝と愛を学んでいく。

限りある時間の中で、そんな生き方ができたら素敵だと思いませんか。

私たちはきっと、十人十色の幸せを自分の力で掴み取るために学ぶのです。少なくとも私はそう信じて、今日も愛しい子どもたちの指導をしています。

著者紹介

坂本　明美　（さかもと　あけみ）

1971年　北海道札幌市生まれ。

大学在学中から現在まで30年間、国語指導に携わる。

大学受験予備校や学習塾の講師として教壇に立つ傍ら、「大人のための国語教室」「聴く力アップ講座」等の社会人向けセミナーを開催。

幼児から年配まで幅広い年齢層を指導した経験から、「国語力は一生もの。社会に出てからこそ真価が問われる力。受験やテスト対策にとらわれない本物の国語力を育てたい」との思いを強くする。

そんな中、2010年4月に「国語専門塾みがく」を創設。

マンガ作文や「五感紹介文」、「ドラえもんスピーチ」など、独自のアプローチで国語指導を行う。進学塾とは異なる、社会人になっても困らない国語力が身に付けられる異色の塾として人気を博し、ここ数年は札幌市内にある7校全てが満席となっている。

国語力を磨く

「書く」「読む」「話す」「聴く」 4つの力の育て方

2021年3月12日　初版第1刷発行

著　者　　坂本明美

発行者　　日本橋出版

〒103-0023　東京都中央区日本橋本町 2-3-15
共同ビル新本町 5階
電話 03(6273)2638
https://nihonbashi-pub.co.jp/

発売元　　星雲社（共同出版社・流通責任出版社）
〒112-0005　東京都文京区水道 1-3-30

ISBN 978-4-434-28626-1　C0081